AF349204

SPEAK PORTEÑO

Gestos, frases y porteñismos

Gestures, language tips and porteño slang

Guido Indij

Speak Porteño
Buenos Aires, Asunto Impreso ediciones, 2011-2016

ASUNTOIMPRESOEDICIONES

w www.asuntoimpreso.com
e www.@asuntoimpreso.com
t (54 11) 4-383-6262
d Pasaje Rivarola 169
(1015) Buenos Aires, Argentina

Idea
Guido Indij

Textos
Guido Indij y Lorena Hebe Sinso

Edición y corrección
Lorena Hebe Sinso

Traducción al inglés
Wendy Gosselin

Fotos
Guido Indij

Diseño de tapa
Amaury Veira

Tratamiento de las imágenes
Olivia Pierrugues

Actores en orden de aparición
Cristina Viqueira, Alfonso Salas
Norris, Josefina Cámara, Héctor
Cámara, Gonzalo Aloi, Gabriela
Inés Sinso y Florencia Catena.

Diseño y puesta en página
Lorena Hebe Sinso

Guido Julián Indij,
Speak porteño : gestos, frases, porte-
ñismos / Guido Julián Indij ; Lorena
Hebe Sinso ; fotografías de Guido
Julián Indij. - 1a ed . 1a reimp. - Ciudad
Autónoma de Buenos Aires : Asunto
Impreso Ediciones, 2016.
160 p. ; 14 x 9 cm.

ISBN 978-950-533-024-9

1. Diccionarios. 2. Lengua. 3. Lingüís-
tica. I. Sinso, Lorena Hebe II. Guido
Julián Indij, , fot. III. Título.

CDD 417.22

ISBN 978-950-533-024-9

Queda hecho el depósito que establece
la ley 11.723
Libro de edición argentina.
Impreso en China. *Printed in China.*

Ejemplares impresos en Asia Pacific Offset
LTD, Unit C-E, 11/F, Yeung Yiu Chung (no.8)
Ind/Bldg. 20 Wang Hoi Road, Kowloon Bay,
Hong Kong, en el mes de julio de 2016.

No se permite la reproducción parcial o
total de este libro ni su incorporación a un
sistema informático, ni su transmisión en cualquier forma o por cualquier medio, sea éste
mecánico, electrónico, por fotocopia, gra-
bación u otros métodos, sin el permiso previo
y por escrito de los titulares del copyright.

Índice

Speak Porteño is inspired by the book *Speechless. A dictionary of Argentine gestures,* (Buenos Aires, la marca editora, 2006). We did a selection of gestures that are most used in our culture to communicate. Facial expressions, postures and body movements, such as hand positions, transmit messages so defined –and frequently more clear and univocal– than words. That is why knowing and understanding them is essential for communication in our society. In addition to the photographic representation of each gesture, the reader will find a concise explanation of use, a brief technical description and a selection of expressions that generally accompany the gesture in their daily application.

Besides this gestural repertoire there are two other sections. "Language tips" records our lexical uses differentiated from those of the Peninsula, the Spanish from Spain, in words and meanings. The selected phrases are the most useful ones for the traveler when communicating with porteños in different everyday situations, such as in a restaurant or in a store.

"Porteño slang" introduces the popular speech of the inhabitants of Buenos Aires. It is a selection of words, phrases and linguistic constructions typical of porteños. This includes vocabulary from *lunfardo,* a

Speak Porteño está inspirado en el libro *Sin palabras, gestiario argentino* (Buenos Aires, la marca editora, 2006). Se ha tomado de este una selección de los gestos que son utilizados de forma más habitual en nuestra cultura para comunicarnos. Tanto las expresiones faciales como las posturas y los movimientos corporales, por ejemplo las posiciones de las manos, transmiten mensajes tan definidos –y frecuentemente más claros y unívocos– que las palabras. Por ello su conocimiento y comprensión son imprescindibles para la comunicación en nuestra sociedad. Además de la representación fotográfica de cada gesto el lector encontrará una concisa explicación del uso, una breve descripción técnica y una selección de expresiones verbales que en general acompañan al gesto en su aplicación cotidiana.

Además de este repertorio gestual presentamos otras dos secciones. "Frases" registra nuestros usos léxicos diferenciados de los de la Península, el español de España, en vocablos y en acepciones. Las frases elegidas son las más útiles para el viajero a la hora de comunicarse con los porteños en diferentes situaciones cotidianas, como por ejemplo, en el restaurante o en un negocio.

"Porteñismos" nos adentra en el habla popular de los habitantes de Buenos Aires. Es una selección de

slang originally used in Buenos Aires and its suburbs by immigrants, marginals and criminals. Over time, some of these words and phrases were widespread in the colloquial language of all the locals. The extension of the limits of use of this slang was due in part to the tango, the popular music in those times. The lyrics of the songs were full of slang terms, repeated again and again by citizens of all social classes.

The repertoire of gestures, expressions and porteño phrases were incorporated with the mass immigration of the late 19th and early 20th centuries. Many of these were accepted and then adapted by the Argentines. The major influence was the Italian culture. But some words come from other languages like French and Portuguese and also from different spheres such as the military, from the gauchos, brought into the capital from the outskirts of Buenos Aires and from jails, among others.

This book was thought, both in content and format, as the subject of consultation of foreign travelers who wish to communicate more fluidly and profoundly in our city, to make themselves understood and understand what they hear and see, without misunderstandings.

palabras, frases y construcciones lingüísticas propias de los porteños. Esta incluye también vocabulario proveniente del *lunfardo*, la jerga originalmente empleada en Buenos Aires y en sus arrabales por los inmigrantes, marginales y delincuentes. Con el paso del tiempo, parte de estos vocablos y locuciones se fueron difundiendo en el lenguaje coloquial de todos los porteños. La ampliación de los límites de uso de esta jerga se debió en parte al tango, la música popular de aquel entonces. Las letras de sus canciones estaban plagadas de términos del lunfardo, repetidas una y otra vez por ciudadanos de todas las clases sociales.

Tanto el repertorio de gestos como las frases y los porteñismos se incorporaron con la inmigración masiva de fines del siglo XIX y principios del XX. Muchos de estos fueron aceptados y luego adaptados al uso local. La mayor influencia fue la de la cultura italiana. Pero otros vocablos provienen de lenguas como el francés y el portugués, y también de distintos espacios como el militar, la gauchesca, el arrabal y el código carcelario, entre otros.

Este libro se pensó, tanto en su contenido como en su formato, como objeto de consulta para el viajante extranjero que quiere comunicarse más fluida y profundamente en nuestra ciudad, para darse a entender y comprender lo que ve y oye, sin malos entendidos.

Gestos

Gestures

Es sencillo: basta con juntar las puntas de los dedos para representar una multitud o una convocatoria (marchas, fiestas, inauguraciones, protestas, actos deportivos) en las que "no cabía (ni) un alfiler".

"¡Así! Así de lleno estaba"
"¡Explotaba de gente!"

It's simple: bring together all of your fingertips to show how many people were there (at the protest march, at the party, at the opening, at the show...) The gesture lets the other person know that the place was jam-packed.

"Standing room only"
"Like sardines in a can"

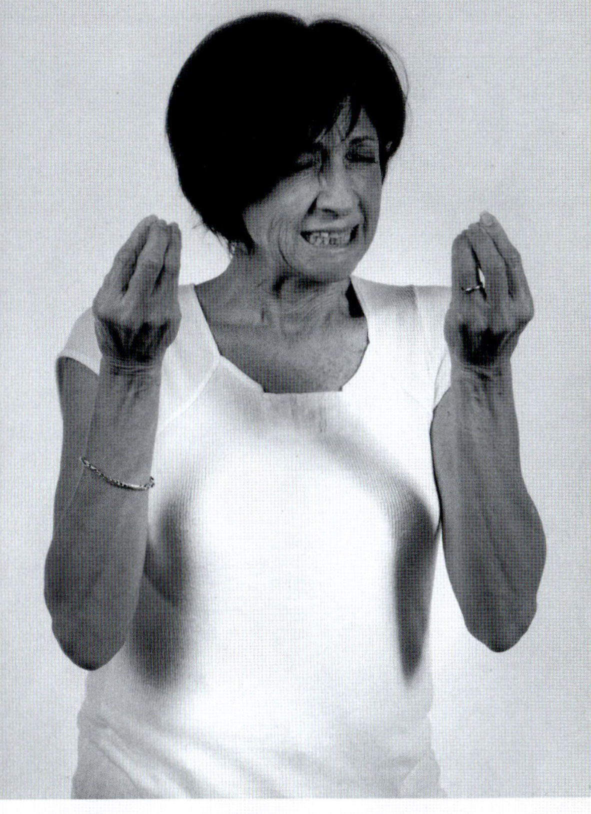

Se juntan las yemas de todos los dedos de una o ambas manos y se apuntan hacia arriba. Bring together the fingertips of all the fingers of one hand (or both) and point the fingers upward.

Prácticos por naturaleza, para referirnos a un olor desagradable podemos hacer el mismo gesto que realizaríamos para eliminarlo.

"¡Qué chivo!"
"¡Qué tufo!"

You have to hand it to them: Argentines are practical. When they want to refer to an unpleasant odor, they make the same gesture they would use to fan it away.

"That reeks!"

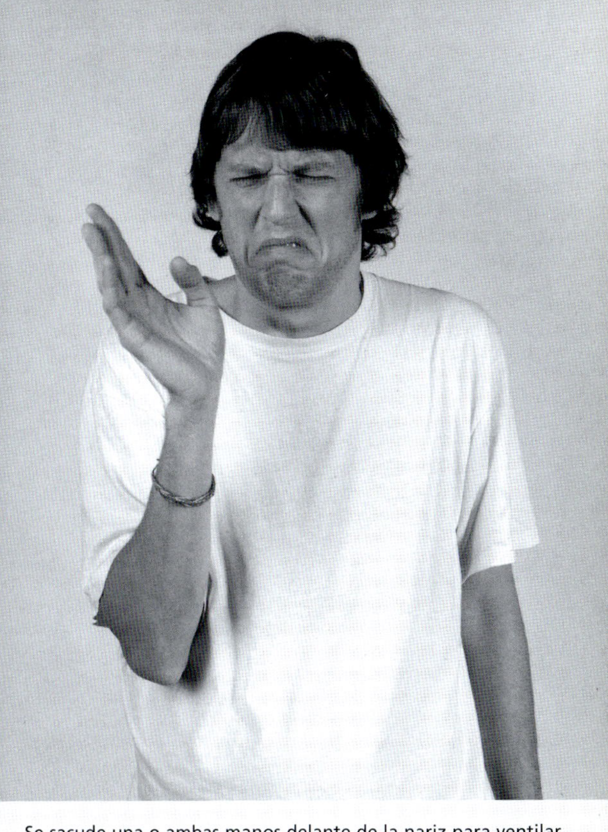

Se sacude una o ambas manos delante de la nariz para ventilar el aire que respiramos. Shake one or both hands in front of your nose to fan away the bad odor.

Con este gesto representamos simplemente que una mujer está embarazada.

"Está con el bombo"
"Le llenaron la cocina de humo"
"Quedó re-embarazada"

With this simple gesture, we indicate that a woman is pregnant.

"She's expecting"
"She got knocked up"
"She's in the family way"

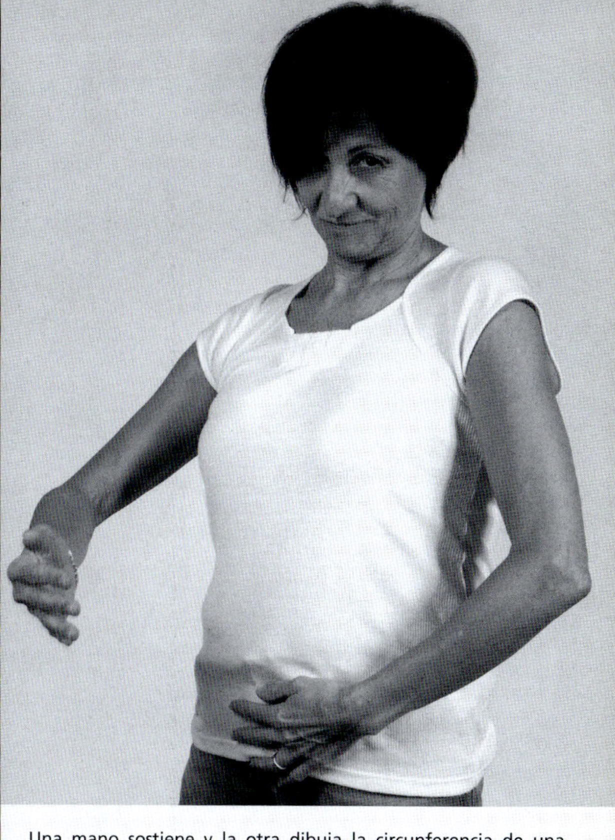

Una mano sostiene y la otra dibuja la circunferencia de una panza de varios meses de embarazo. With one hand, draw the circumference of a pregnant belly, and with the other, hold it up.

Cuando se pronuncia el nombre de cierto ex presidente argentino de apellido capicúa, cuando se encuentra con un gato negro o se necesita un conjuro contra la mufa, hay que agarrarse la teta izquierda. Nuestras observaciones concluyen que ésta es la única situación en que está socialmente aceptado que una mujer se toque los pechos en público. Simétricamente, se recomienda que los hombres se toquen el huevo izquierdo. Por las dudas.

"No sea cosa que..."

When Argentines mention the name of former President Menem… When a black cat crosses their path or they suspect someone has given them the evil eye, they are quick to grab their left breast to counteract the nefarious supersitious effects. According to avid Argentine observers, this is the only socially acceptable situation in which women may touch their breasts in public. Similarly, men are recommended to touch their left testicle. Just in case.

"I'm not superstitious, but…"

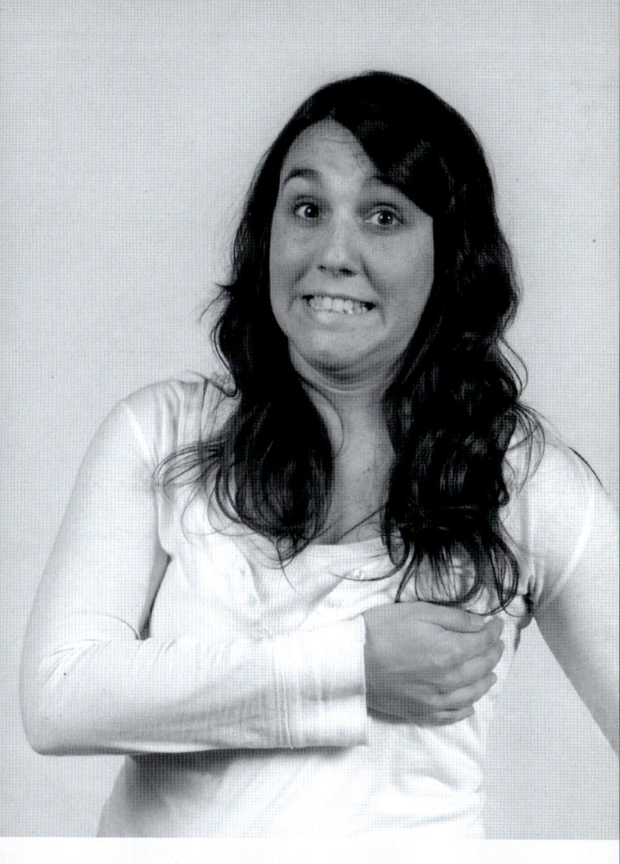

La mano derecha toma la mama izquierda o el testículo del mismo lado. The right hand touches the left breast or left testicle.

Este gesto se utiliza para tratar de serenar una situación, o invitar a relajarse a quien está angustiado o muy acelerado.

> *"¡Tranquiiiloooo!"*
> *"¡Despacito!"*
> *"A ver si bajamos un cambio"*

This gesture can be used to try to calm someone down when they are angry or upset.

> *"Settle down"*
> *"Whoa, Nelly"*

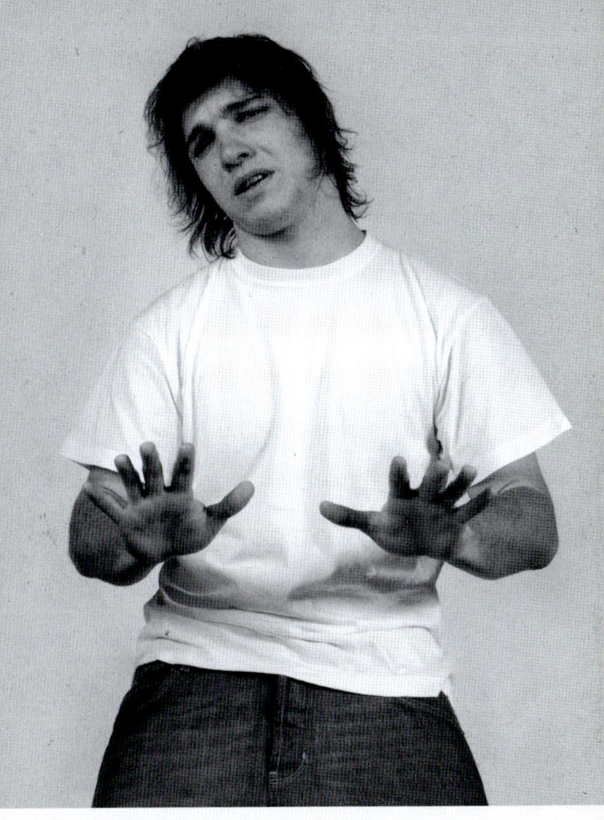

La palma abierta en dirección al suelo hace movimientos cortos en sentido vertical cada vez más hacia abajo. Your palm is open and facing the ground. Move it vertically and bring it lower and lower with each move.

Así se nos advierte que estamos a punto de alcanzar un límite y que corremos el peligro de que nos tengan que dar unas palmaditas correctivas en la cola.

"Portate bien"
"Dejá que te agarre, nomás"
"Ya vas a ver lo que es bueno, vos"

This gesture is a classic: it lets us know we are reaching the limit and that we might get spanked at any time.

"You're gonna get it"
"Wait until I get a hold of you…"

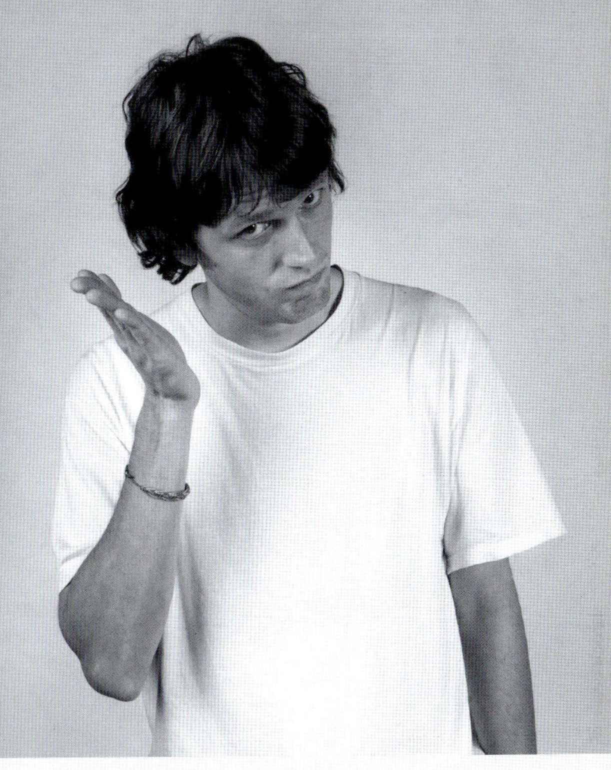

La mano abierta se sacude sobre el eje de la muñeca, mientras el ceño se frunce amenazante. Shake your open palm by flicking your wrist while knitting your brow.

De chicos nos encantaba molestar a nuestros compañeros agitando provocativamente las manos dentro del límite de la distancia social establecida, al cántico de "el aire es libre", "el aire es de todos" o "toco el aire y no te toco". Es obvio: como de hecho no los tocábamos, no podían aducir molestia alguna. A la vez, es muy común que cuando esquivamos algo imitemos a un torero y hagamos un amague gracioso diciendo "¡Ole!". Entonces, si queremos ser el colmo de lo molesto y permanecer impunes, debemos acariciarnos una chiva imaginaria y decir "¡oooole, oooole, chivita!", mientras miramos con sobra a nuestro interlocutor. Pobrecito.

"Calenchu…"

Argentine children love to bother their classmates, getting up in their faces without actually touching them. That way, they can always defend themselves with the age-old, "but I didn't lay a hand on him." At the same time, when we move out of the way just in time, we often imitate a bullfighter and make a gracious sweep with an imaginary red fabric while calling out "Ole!". So if we really want to get someone's goat, we pull at an imaginary goatee while taunting, "ole, ole, goat-ee" while we stare the person down.

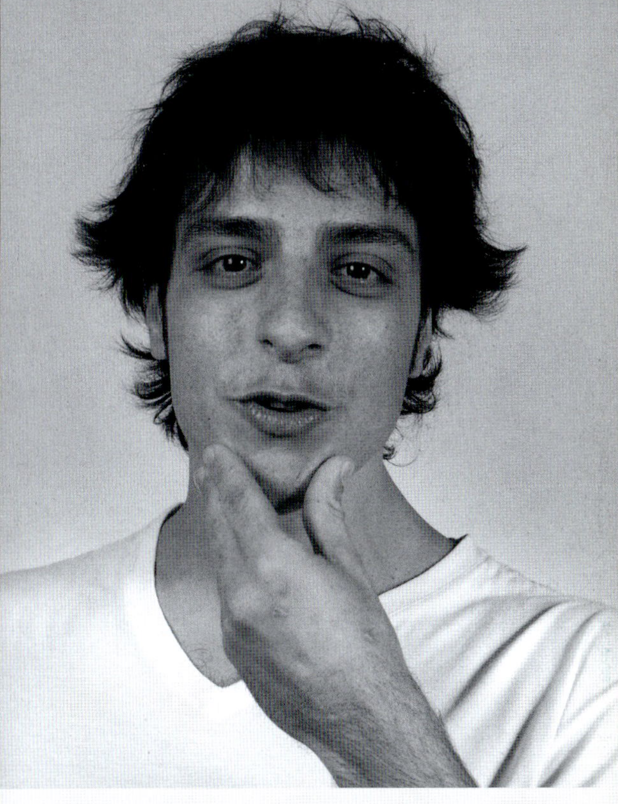

Con dos o más dedos nos acariciamos el mentón, como peinando una barba de chivo. With two or more fingers, caress your chin, as if you were brushing an imaginary goatee. If you have a real goatee, you can actually brush it.

En lunfardo, pedir se dice "manguear", esto es: pedir un mango, unos pesos. Pero el que no se deja manguear, se agarra la manga y es un "agarrado", un "garronero". Mal bicho, che.

"Tacaño"
"Pijotero"

In lunfardo, the local jargon used in Buenos Aires, the word "manguear" means to ask for something, or etymologically: to ask someone for a few "mangos", a few "pesos". Someone who won't lend any mangos is a miser. We recommend avoiding them altogether.

"Scrooge"
"Tightwad"

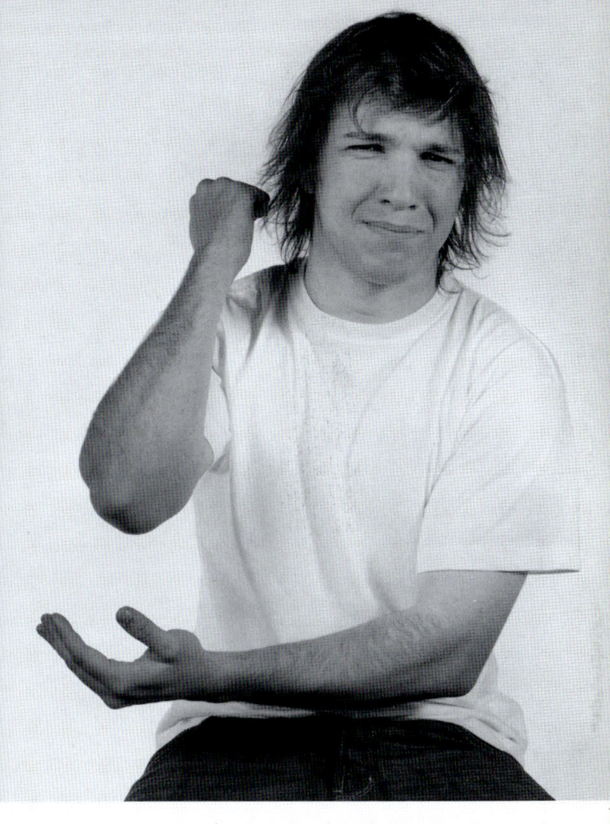

El codo se apoya con fuerza sobre la palma. De ser necesario enfatizar, la palma golpea el codo repetidas veces. Bring your elbow down onto your open palm decisively.

El gesto que se hace para comer es otro de los tantos que heredamos de los napolitanos. Pero en determinados contextos y aplicado a ciertas personas significa: "Fulano se la come (y Sutano se la da)", donde "se la come" refiere al miembro viril y el sujeto tácito es, como se suele decir, 'pasivo'.

"Se la come doblada (en cuatro)"

The gesture for eating is yet another Neapolitan handme-down. However, in certain contexts and when talking about certain people, it can mean "meat packer", or in other words, "fruitcake."

"Bent double"

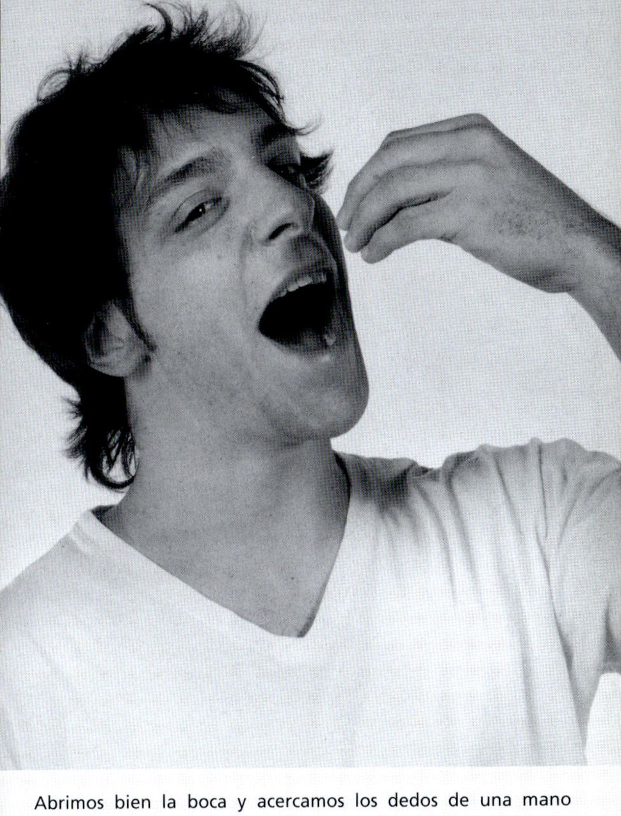

Abrimos bien la boca y acercamos los dedos de una mano juntos, con un aire de picardía y sano divertimento. Open up your mouth wide. You can also bring your fingertips towards your mouth, with a sly look of wholesome fun in your eyes.

Este gesto reclama una aclaración necesaria para comprender una situación o una intención, o bien exige una corrección o un pedido de disculpas. Con el seño lo suficientemente fruncido y la cabeza apenas inclinada hacia un costado, puede usarse también como advertencia de que lo que nos dicen o el tono con que nos hablan empieza a alterar nuestros ánimos ("Ojo cómo me hablás").

> *"¿Qué pasó?"*
> *"¿Qué pasa?"*
> *"¿Qué te pasa?"*
> *"¿Qué decís?"*

This gesture demands an explanation, a clarification or an apology. With a knitted brow or our head tilted to one side, we can also use this gesture as a warning to let the other person know they should choose their words carefully or lower their voice ("Watch your voice.").

> *"What did you say?"*
> *"You got a problem?"*

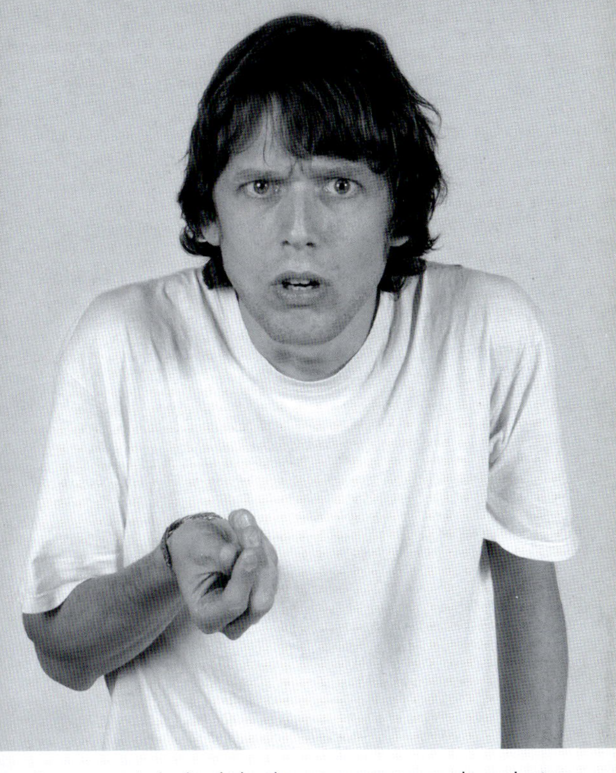

Se agrupan todos los dedos de una mano y se sacuden, mientras se frunce el seño y se mira fijo al otro. Bring together all of the fingers of one hand and shake them while knitting your brow and staring down the other person.

Cuando realizamos este gesto decimos "meter los cuernos" para significar de un modo figurado la infidelidad.

El mismo gesto de mano cornuta, o el talismán que lo representa, sirve tanto para echar una maldición vudú como de amuleto protector contra el "mal de ojo".

When we do this gesture we say "meter los cuernos" (sticking in the antlers/horns) that is related to infidelity.

The gesture itself is the same as mano cornuta, or the talisman that represents it. It can be used to place a curse on someone or serve as protection against the "evil eye".

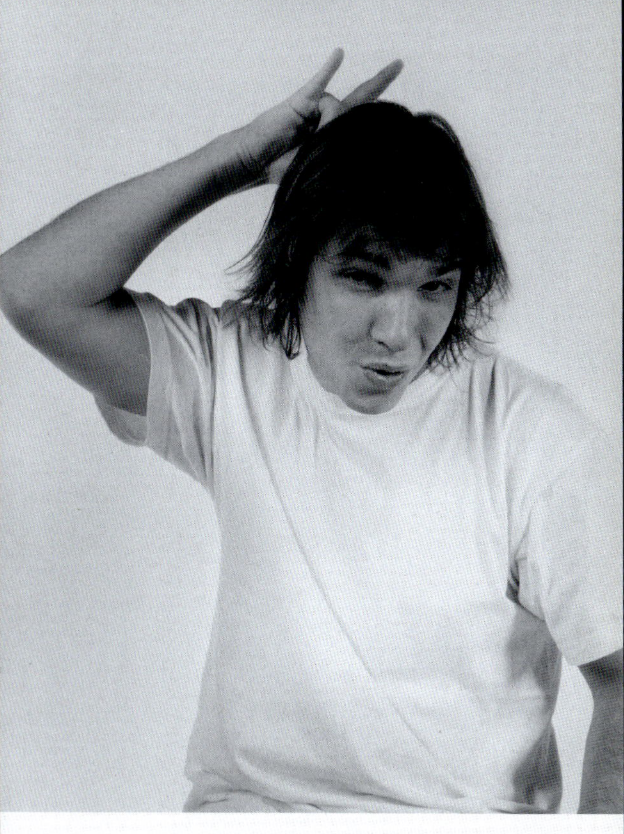

El índice y el meñique extendidos como cuernos se apoyan sobre la cabeza. Put your index and pinky fingers like horns and lift your hand to your forehead.

Cuando el otro nos aburrió con su palabrerío o su insistencia sobre algo a lo que ya le dijimos mil veces que no, le pedimos que "la corte" de una buena vez.

"¡Basta, terminala!"

En cambio, los cinéfilos dirán "cambiá de película" o "cortá el rollo", y algunas tribus de la era del control remoto dirán "cambiá de canal".

When someone is going too far or insisting when we already said no a thousand times, we let him or her know it's time to cut it out with this gesture.

"Quit it!"

However, local film buffs would say "switch reels" and some urban tribes with a penchant for remote controls would say "change the channel".

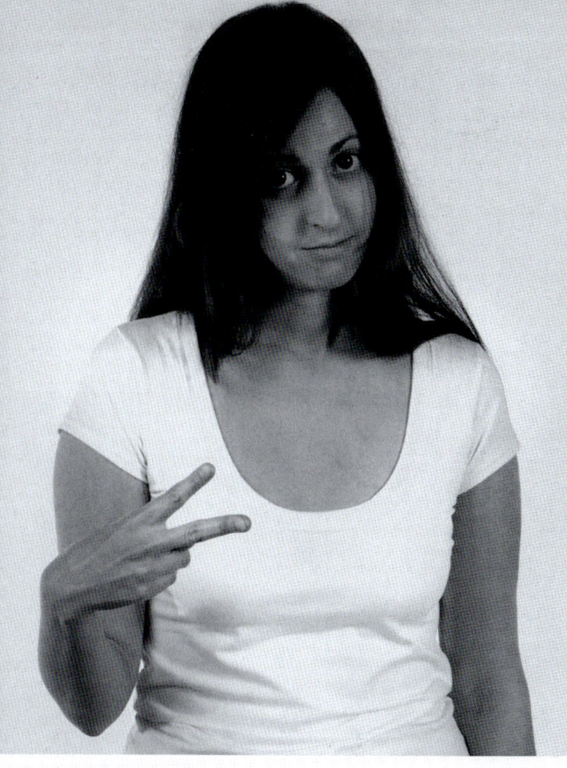

Con el índice y el mayor se hace una tijerita que se muestra al interlocutor, o se imita el uso de un control remoto. With the index and the middle finger mimic cutting with a pair of scissors. Other variant involves pretending to change channels with a remote control.

Este gesto tiene el mismo significado que "Minga" (ver p. 83), pero al requerir un despliegue más ampuloso que éste (o que el indecente dedo del "Fuck you") permite al gesticulador una mayor descarga de energía y malicia.

"¡Tomá de acá!"

Se trata de una adaptación del grave insulto napolitano "vaffanculo".

This gesture has the same meaning as "No Way (José)" (see p. 83), but as it requires more physical effort (and more than that required to lift the vulgar finger used for "Fuck You"), it allows the gesticulator to give off some of that pent up energy.

This is an adaptation of a serious Neapolitan insult, "vaffanculo".

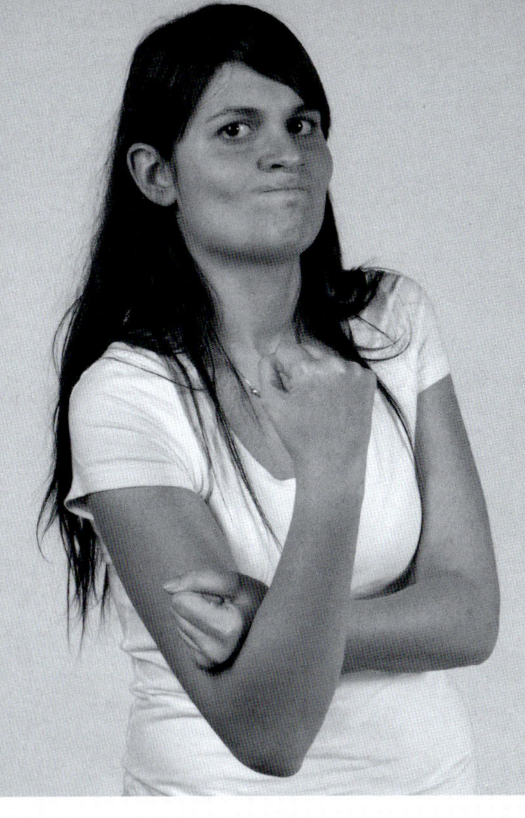

La mano da un golpe en el bíceps del otro brazo y hace palanca para levantar el antebrazo. With one hand, hit the biceps on your opposite arm and then use the hand as a lever to lift the forearm.

Del vasto acervo de gestos escatológicos que aprendimos de chicos, ste es uno de los más graciosos. Lo hacemos cuando advertimos que otro tiene miedo o queremos mostrarle a alguien cercano, medio en broma y medio en serio, que estamos asustados. Sin metáfora, el que tiene miedo es un "cagón".

There is a wide range of scatalogical gestures that we learn as children: this gesture, in particular, is one of the most entertaining. We make this gesture when we realize that someone is scared or when we want to admit -only half in jest- that we are scared. All metaphors aside, this gesture refers to being scared "shitless".

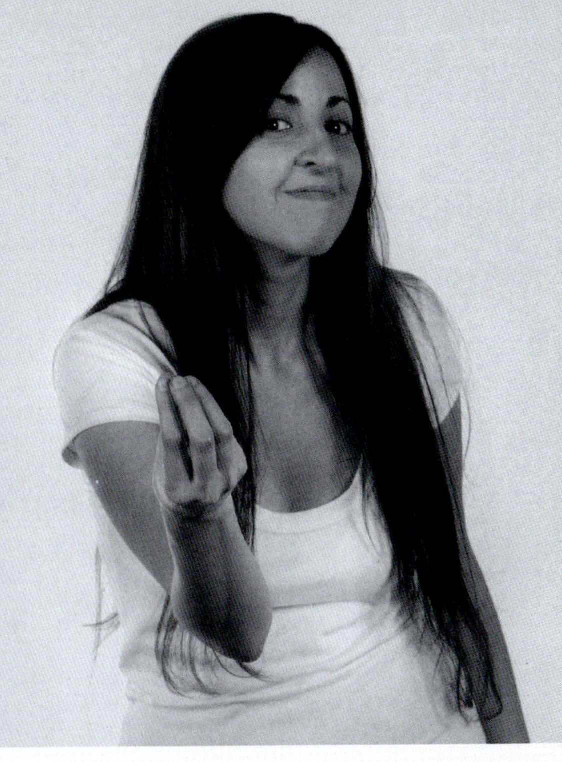

Semejante de "A reventar" (ver p. 13), este gesto se hace abriendo y cerrando rápidamente la punta de los dedos de una mano, como figurando un ano que se frunce. Similar to "Crowded" (see p. 13), this gesture is done by quickly opening and closing the fingertips of one hand, as if mimicking how the anus opens and closes.

Este gesto expresa nuestra desconfianza acerca de lo que se nos dice. Si queremos ser todavía más claros, le decimos a nuestro interlocutor, si no mentiroso, por lo menos exagerado y charlatán: "Me estás mandando fruta".

Eso sí: una vez hartos de tanta "sanata", para "mandar a mudar" al otro le indicamos el camino de salida moviendo levemente el mentón hacia adelante.

"¡Andá!"
"¡Tomatelas!"
"¡Caminá!, ¿querés?"

This gesture expresses our doubt about what the other person just said. The gesture is used when we suspect that the person may not be lying, but is definitely overagerrating. If we want to be even clearer, we can say to the other person, "What are you, kidding me?" When we are fed up with the tall tale, the gesture goes a bit further, and we begin to move our chin to let the person know which way's the exit.

"Get outta town!"

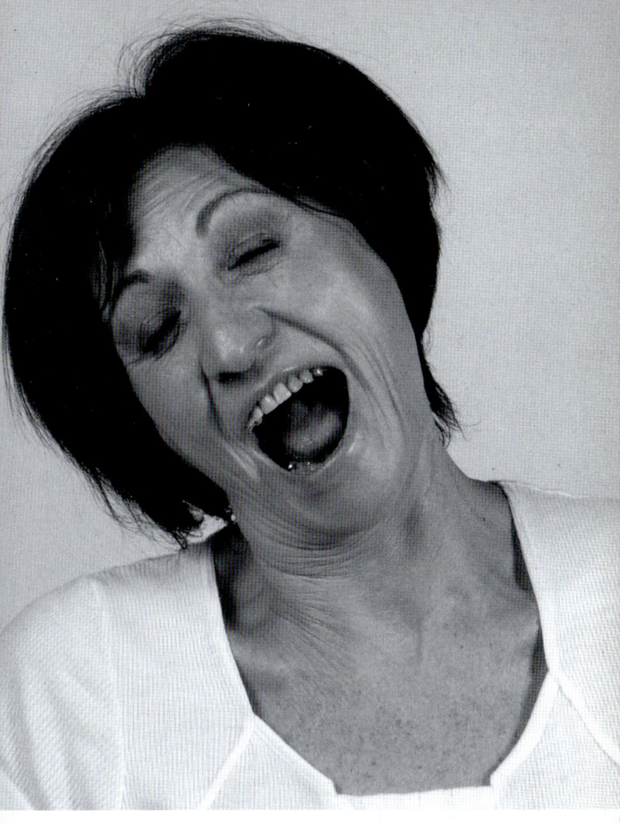

Se inclina la cabeza hacia un lado mientras la boca hace una mueca, mordiendo apenas el labio inferior. Let the head lean to one side while slightly biting your lower lip disdainfully.

Tradicional sede del amor, el corazón es la fuente inagotable a la que recurrimos para regalar lo mejor de nosotros, nuestros logros, lo que dedicamos u ofrecemos "de corazón".

"Para vos"

Love's headquarters: the heart is the emotional center that we refer to when we want to offer the best we have to offer. That is when something is heartfelt.

"For you, my dear"

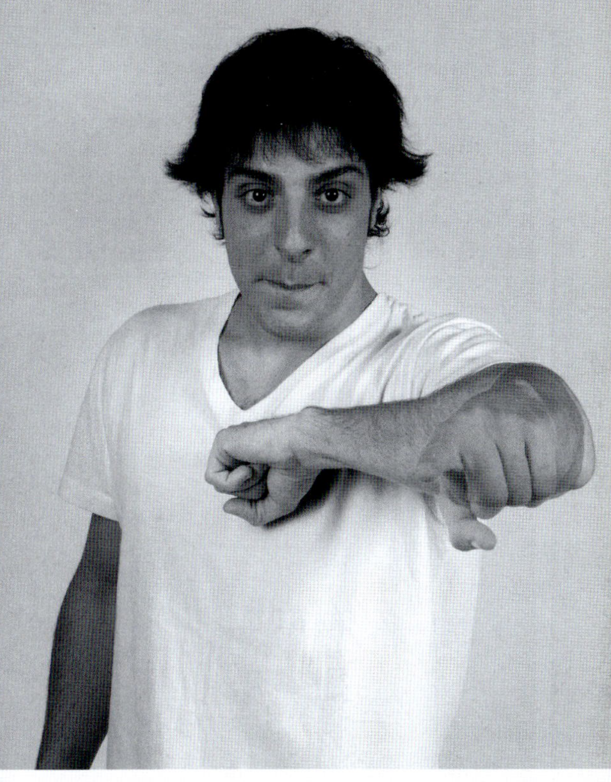

El puño cerrado golpea dos veces el pecho sobre el corazón y el brazo se extiende luego hacia el público o a quien dedicamos el gesto, mientras los labios se aprietan con fuerza. Close your fist and strike your heart with it twice. Then stretch your arm out to the audience (or person whom the gesture is intended for) while pursing your lips tightly.

Con este gesto remarcamos el bolsillo y, por extensión, su contenido en metálico o billetes: la "plata". Lo hacemos para indicar a otro de nuestra confianza que llevamos efectivo y no debe preocuparse, o lo hacemos a solas, ante la duda, para confirmar que tenemos "dinero encima".

With this gesture, we touch our pants pockets and thus express that they are filled with coins or with bills. We use this gesture to let someone know that there is nothing to worry about: we've got it covered. We may also do it when we are alone to make sure we've actually got the money on us.

"Money is no object"

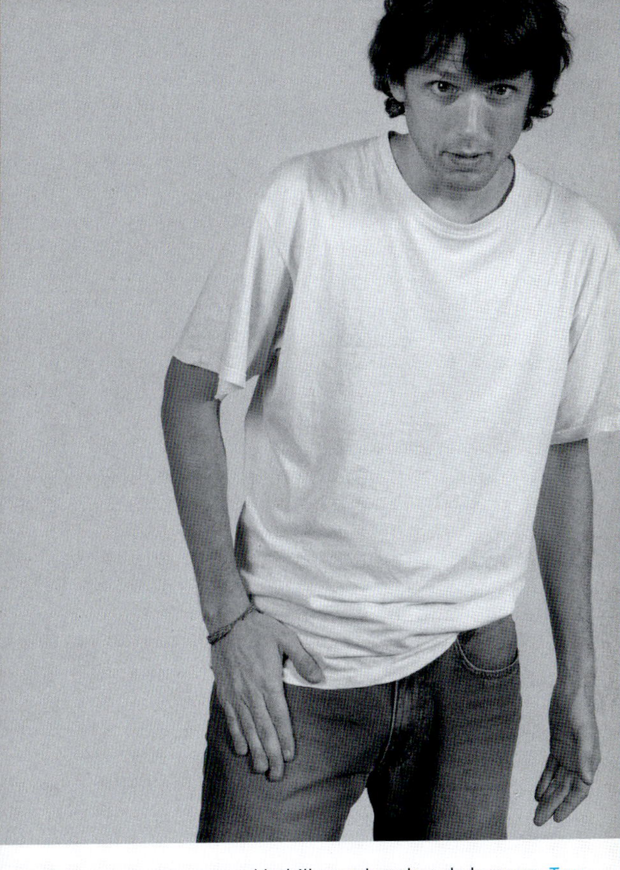

Golpeamos varias veces el bolsillo con la palma de la mano. Tap your pants pocket with an open palm a few times.

A la falta de memoria, de precisión, de nombre y de palabras, hacemos la tentativa de este gesto, a mitad de camino entre un olfateo con la mano y un franco pedido de ayuda.

"Eso..."
"El coso ese..."
"¿Cómo se llama?"

When we can't remember the name or the word, we make this gesture, which is halfway between trying to sniff out something with our hands and making a desperate gesture for help.

"The... Ummm... you know..."
"Whaddya call it?"

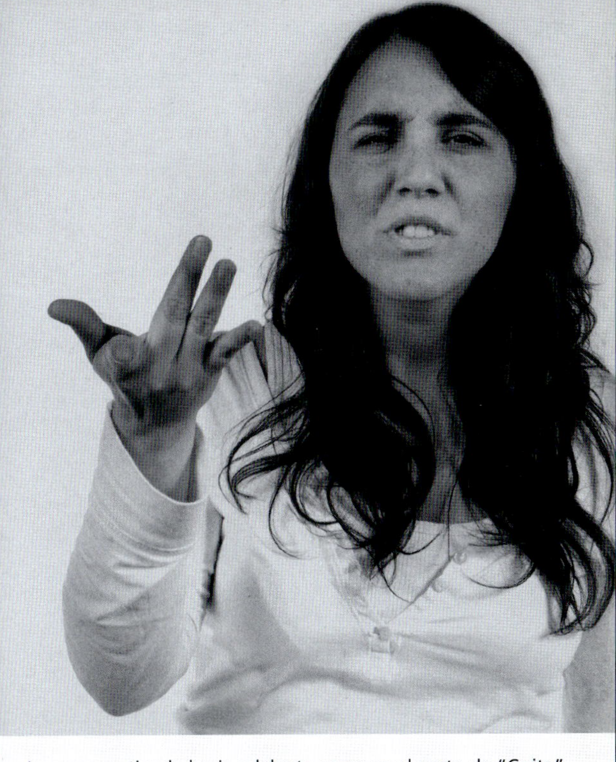

La mano se tiende hacia adelante como en el gesto de "Guita" (ver p. 57) mientras se rozan las yemas de los dedos y se pone cara de desorientado o se mira al otro con el ceño fruncido (como si se preguntara "¿Cómo era?"). Extend your hand forward like in the gesture "Cash" (see p. 57) while rubbing your fingertips together and looking confused. Knit your brow to add to the effect ("What was I saying...?").

Este gesto sirve para expresar que "no tenemos un peso",
sufrimos de falta de liquidez, estamos en quiebra, o
simplemente "vinimos con lo puesto". La expresión "en
Pampa y la vía" se originó en la época en que el nacimiento
de la calle Pampa en las vías del tren era un límite urbano,
una tierra de nadie, un aledaño, un potrero.

"Estar sin un mango"
"Sin un cobre"

This gesture serves to let someone know that we don't have
"a nickle to our name." In other words, we are down and
out, a have-not. The Argentine phrase for being penniless,
"en Pampa y la vía", refers to a spot in Buenos Aires where
Pampa Street crosses the railroad tracks. This was once no
man's land, a place for the destitute.

"Dirt poor"

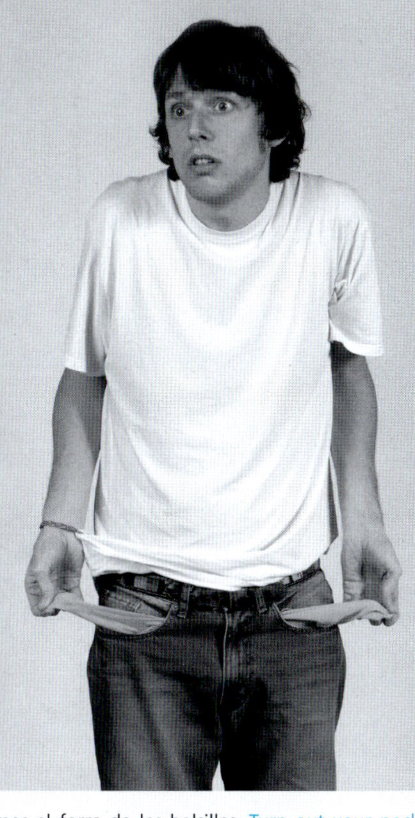

Mostramos el forro de los bolsillos. Turn out your pockets to show that there is nothing inside.

Para los argentinos este gesto es un pedido de paciencia ("¿Me aguantás un segundo?"), de pausa o de un momento de atención.

"Bancame un minuto"

For Argentines, this gesture is a request for patience ("Can you wait a second, please?") and can also be used to get someone's attention.

"Hold on a minute"

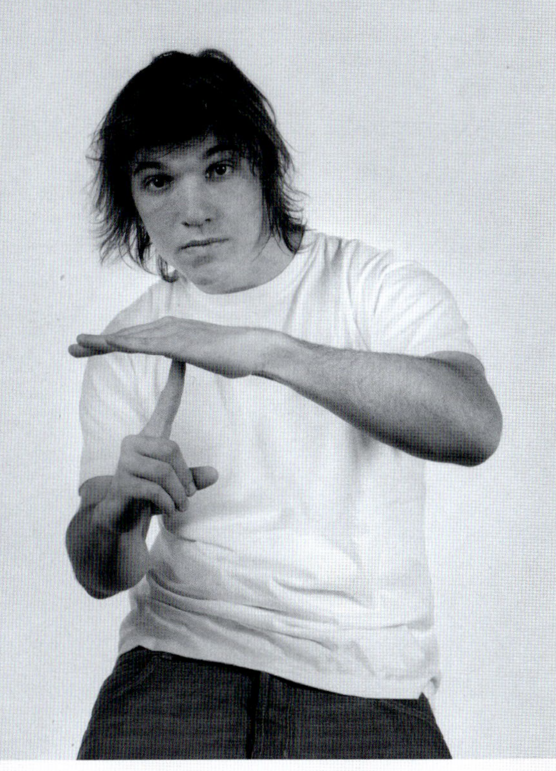

El dedo índice se coloca perpendicular a la palma horizontalmente extendida. Place your index finger perpindicular to your palm, which is extended horizontally.

Este gesto se hace cuando, inmediatamente antes de que suceda, nos damos cuenta de que están intentando perjudicarnos intencionalmente ("cagarnos").

"¡De acá!"
"¡Agarrame ésta!"
"Agarramelá"

We make this gesture when we realize that we are about to get fucked over. And not a moment too soon.

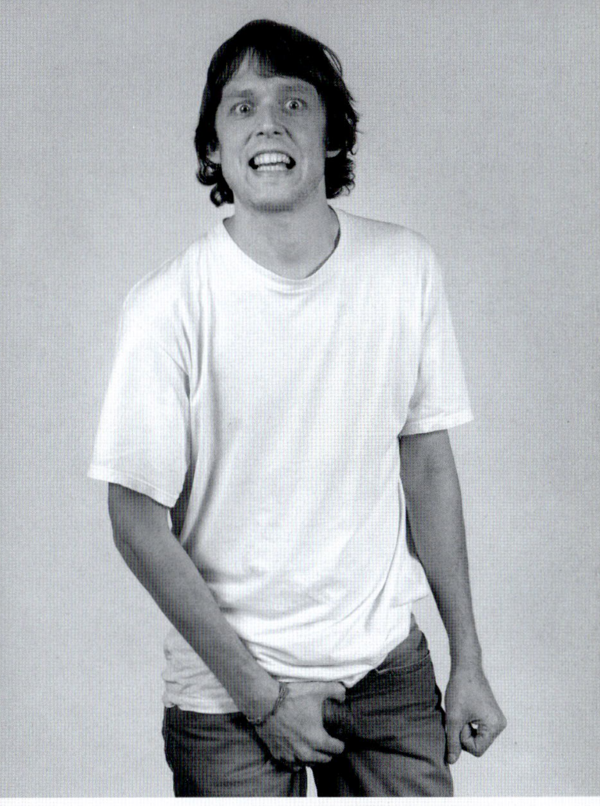

El entrecejo baja para dar un carácter desafiante a la mirada mientras la mano toma con la mayor vulgaridad los genitales y los sacude. Knit your eyebrows to look mean. Then grab your genitals with one hand and shake them around.

Representa una burla y una observación sobre las exageradas aspiraciones del snob, el "pituco", el "tilingo", el "concheto".

"Es un nariz para arriba"
"Se hace el finoli"

This is a way of taunting the nouveau riche or someone who is acting snobbish.

"She's so stuck up"

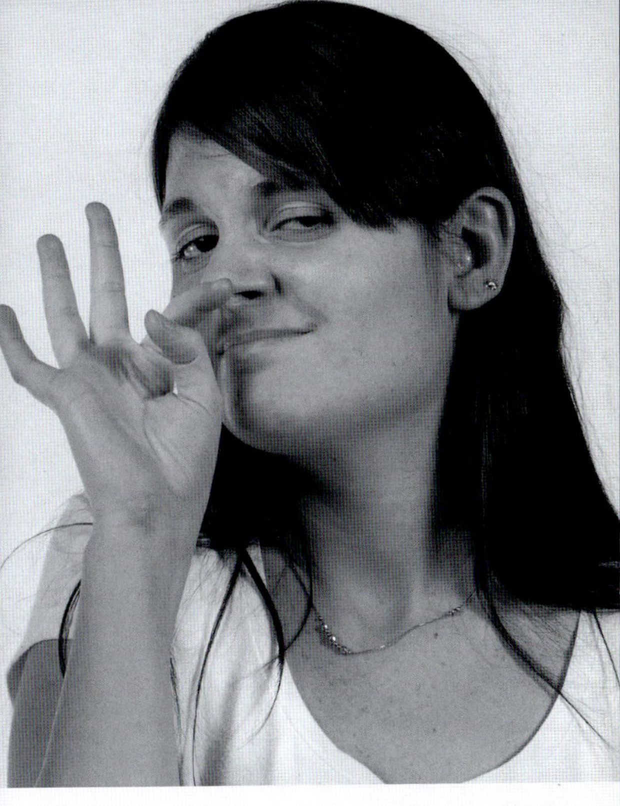

Con ayuda del índice se respinga grotescamente la nariz. Use your index finger to push up your nose in a grotesque gesture.

Este gesto sirve para referirse a quien tiene en la vida la actitud "rolinga" típica de las tribus urbanas para las que lo más importante es el rock, los amigos y la cerveza.

"Viejita"
"¿Qué sos?, ¿careta?"

Dice una leyenda urbana que el primer "fierita" lo hizo Mick Jagger.

En la Argentina, actualmente, se usa un gesto semejante para decir a otro que una mujer es hermosa.

This gesture refers to young members of the urban rock-n'-roll tribe who dedicate themselves to rock music, beer and other tribe members. According to urban legend, Mick Jagger was the first to ever make this gesture.

In Argentina today, a similar gesture is also used to refer to a woman's beauty.

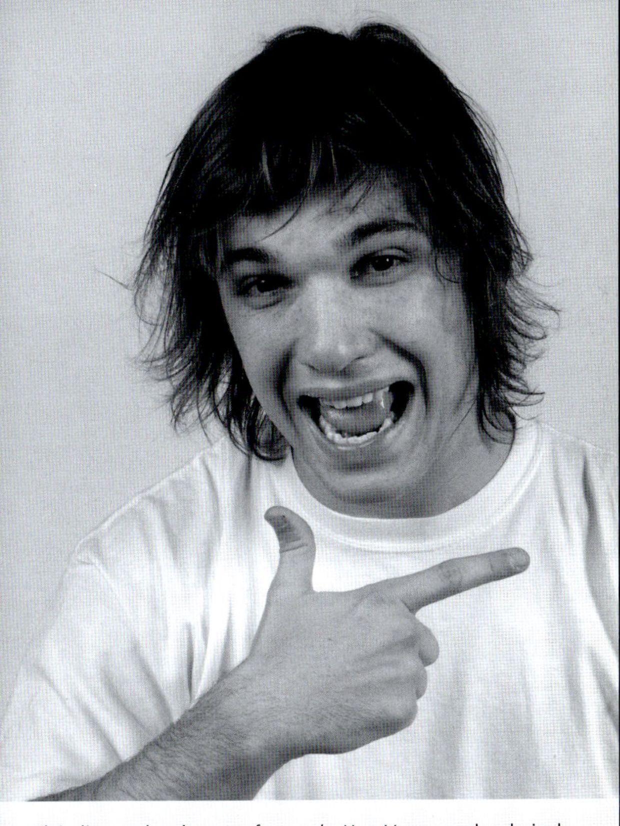

El índice y el pulgar en forma de U o V se sacuden bajo la mandíbula. Form a U or V with the index finger and thumb and shake your hand slightly right under your jaw.

Hacemos este gesto para referirnos al metálico en cualquier contexto o cuando queremos decir que alguien tiene una acaudalada cuenta bancaria (lo que se puede reforzar con la frase "tiene chequera"). No en vano, la Argentina esconde en su nombre el elemento plata (Ar).

"El filo, la tarasca, la tela, la biyuya"
"Toda la mosca"
"La levanta en carretilla"

When we make this gesture, we are talking about legal tender in any context. We may also use it to refer to when someone has a hefty sum in the bank. It's no coincidence that Argentina gets its name from Ar, the scientific symbol for silver.

"She's rolling in it"
"Dough, bread, a wad"

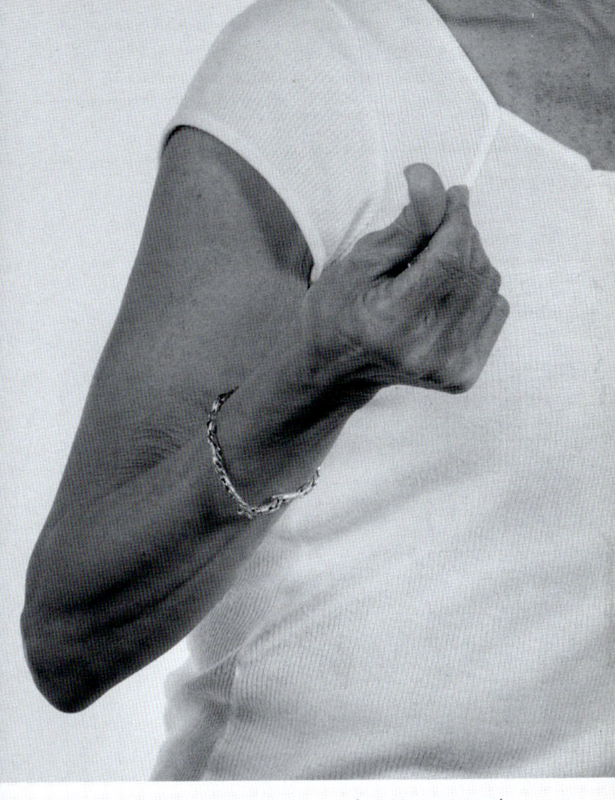

Se frotan el índice y el pulgar con fruición, como al querer despegar varios billetes recién impresos ("salidos del horno").
Rub together the index finger and thumb as if you were trying to peel off a few new bills ("hot off the presses").

Así descalificamos un comentario que nos hacen y le hacemos saber a nuestro interlocutor que "no entiende nada".

"¡Qué hambre que tenés!"
"¡Malísimo!"

This is the way Argentines disregard a comment and let the other person know that they are totally in the dark.

"Out of it"
"You don't know what time it is"

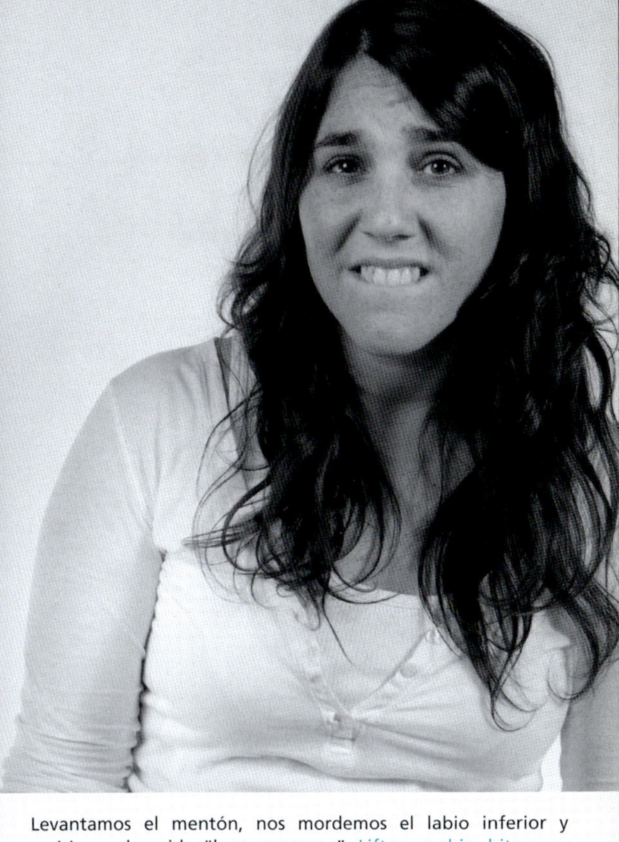

Levantamos el mentón, nos mordemos el labio inferior y emitimos el sonido "hmmmmmm...". Lift your chin, bite your lower lip and make the following sound: "hmmmmm..."

A los argentinos nos gusta despedirnos con la promesa de seguir comunicados:

"Llamame"
"Te llamo"
"Nos estamos hablando"

Argentines love to promise they will talk on the phone soon when they say goodbye.

"Call me"
"Let's talk"
"Keep in touch"

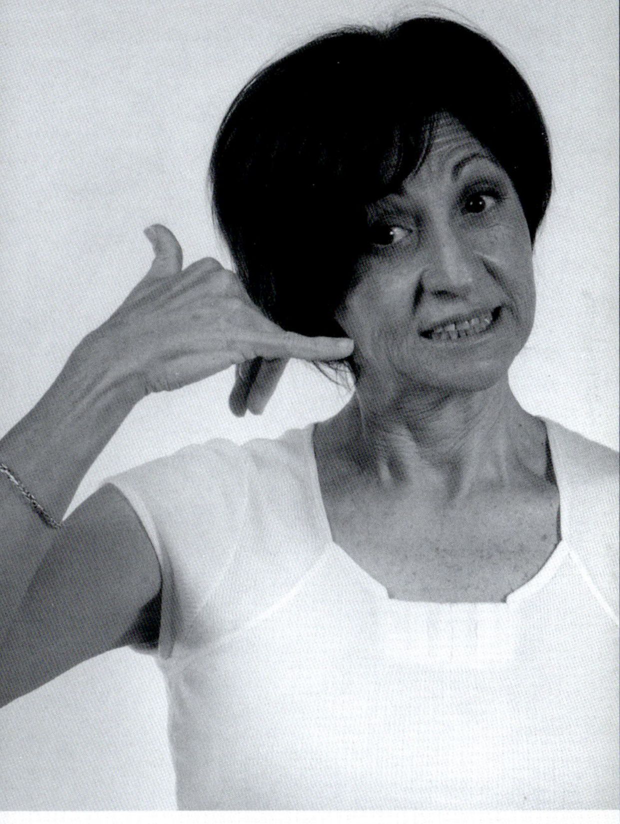

La mano despliega los últimos dedos y se acerca a la cara como un tubo teléfonico. Stick out your pinky and thumb and bring your hand up next to your face as if it was a phone.

Cuando una situación nos sobrepasa o alguien superó nuestro límite de tolerancia, lo hacemos saber con este gesto y la exclamación:

"¡Hasta acá me tenés!"*

* 'Hasta acá': "hasta la coronilla", "hasta las tetas" o "hasta las pelotas", pero el gesto se hace pudorosamente a la altura de la frente.

When a situation is overwhelming or our tolerance has been pushed to the limit, we make this gesture and exclaim:

"I've had it up to here!"*

* "Up to here" can mean "up to your eyeballs" or up to the body part of your choice, but the Argentine gesture is done at the forehead.

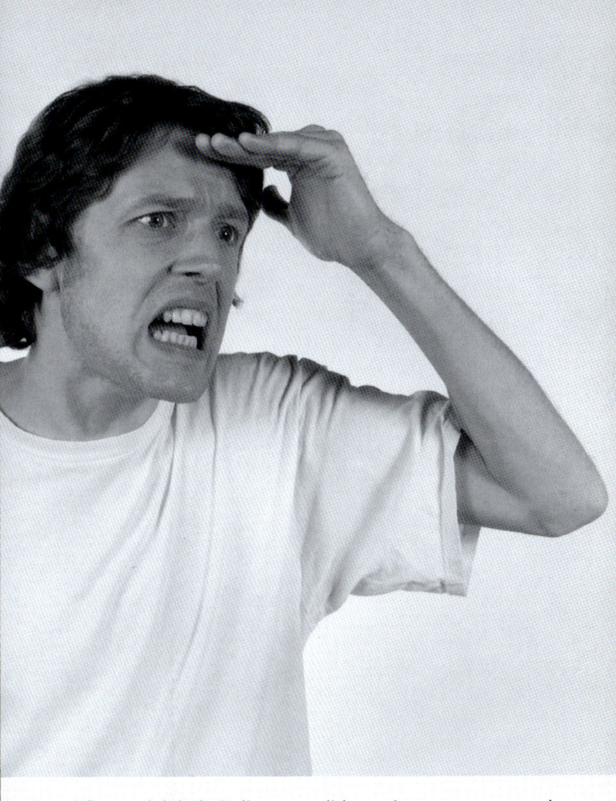

Con el flanco del dedo índice extendido, casi como en una venia militar, se marca exactamente hasta dónde estamos colmados.
Extend the index finger almost as if you were about to do a military salute. Then show the exact spot you've had it up to.

Con este gesto se aprecia prestancia, estilo, dignidad
y buen gusto o calce, y por extensión indica que algo
está realizado con absoluta corrección o es en sí mismo
completo, perfecto. Entre otros usos, se lo puede aplicar a la
puntualidad, la exactitud de un peso o una medida, el matiz
de un sabor, la oportunidad de una idea y lo apropiado de
un comentario.

> *"De punta en blanco"*
> *"Insuperable"*
> *"Lo más"*

This gesture expresses style, dignity, fine taste or a great
fit. It indicates that something has been done perfectly. In
can be used to indicate that someone was on time; that
something weighs or measures the right amount; that the
seasoning was just right, or that whatever was just applied
was the icing on the cake.

> *"A perfect match"*
> *"Just what the doctor ordered"*

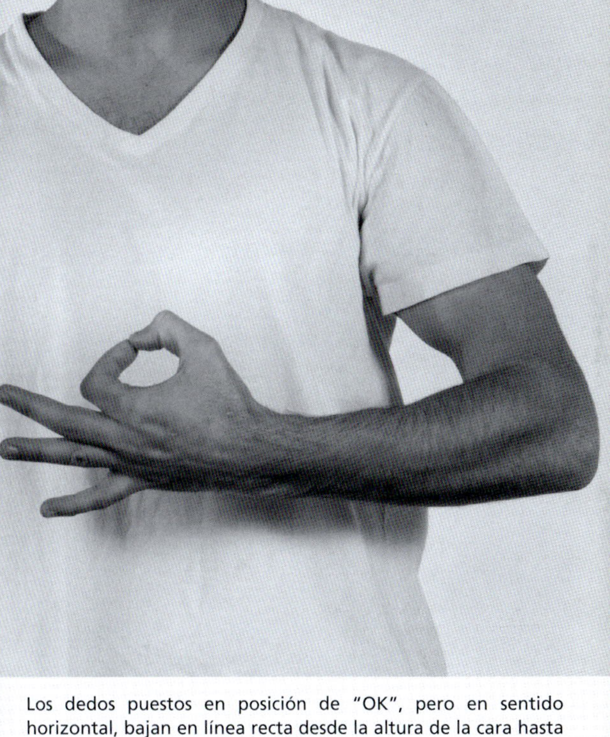

Los dedos puestos en posición de "OK", pero en sentido horizontal, bajan en línea recta desde la altura de la cara hasta el pecho. Los dedos libres (el mayor, el anular y el meñique) deben estar extendidos. With your fingers forming OK but horizontally, lower your hand straight down from your face to your chest. The remaining fingers (the middle finger, ring finger and pinky) should be outstretched.

Este fácil gesto se utiliza en cafés, bares o restaurantes para evitar esperas infinitas o para tener la amabilidad de ahorrarle al camarero la caminata hasta nuestra mesa, donde le vamos a anunciar que queremos que nos traiga la cuenta.

"¿Me cobrás?"

This effortless gesture can be used at cafés, bars and restaurants and can help you avoid endless waits, while also saving our waiter the walk to our table where we would have to actually tell him to bring us the check.

"Waiter, the check!"

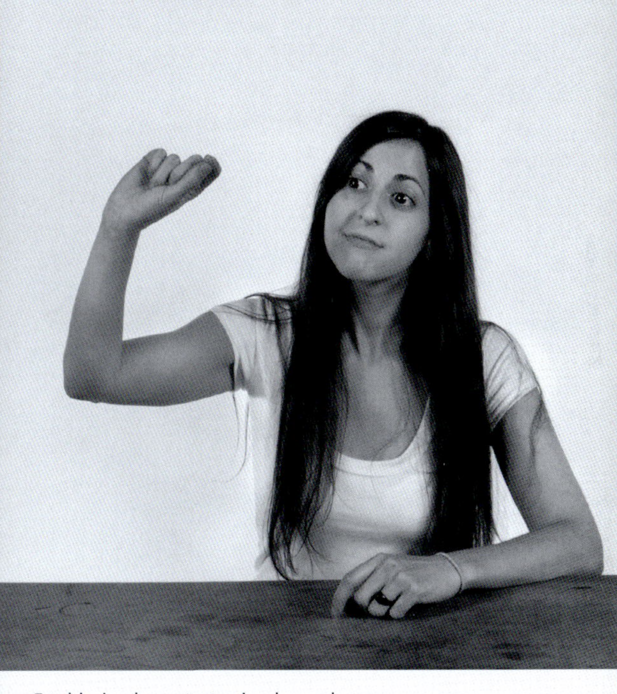

Estableciendo contacto visual con el mozo, una mano se mueve como si escribiera con una lapicera, aunque la mayoría de los comercios hayan reemplazado la contabilidad manual por las cajas registradoras. While making eye contact with the waiter, one hand moves as if writing with a pen, even though most restaurants now use cash registers instead of the old handwritten checks.

Este gesto no es "moco de pavo": es lo que decimos y hacemos cuando algo "no tiene vuelta" o nos importa "un comino" y, por consiguiente, nos damos por vencidos.

"Hacé lo que quieras"
"Me chupa un huevo"

Pero con el brazo llevado hasta el fondo y una actitud completamente despectiva, lo usamos para "mandar a la mierda" algo o a alguien.

"Andá a cagar…"

This gesture is not for beginners: we use it when there's no going back, when we are giving up, or when we no longer give a shit (or a rat's ass, for that matter).

"Have it your way!"

However, if we take the arm all the way back and do the gesture a bit more aggressively, it's equivalent to telling someone to go to hell.

"Fuck off!"

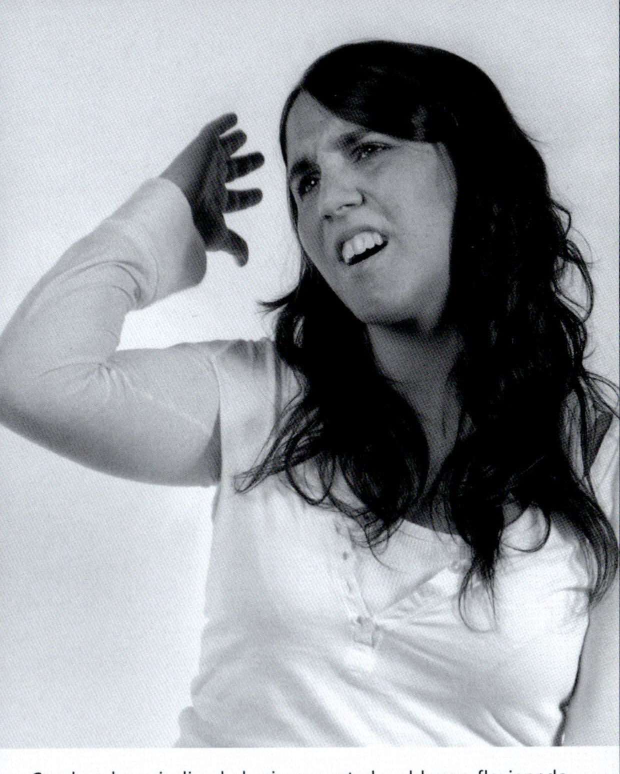

Con la cabeza inclinada hacia un costado, el brazo flexionado señala hacia atrás. En la variante "Andá a la mierda", el brazo completa el recorrido y el asentimiento es definitivo, y con los ojos cerrados. Tilt your head to one side and point behind you with your arm bent. In the "Fuck off!" variant, the arm swings all the way around and you keep your eyes closed.

Como buen gesto surgido del inextinguible acervo machista, éste aprovecha la mímica exagerada de un ademán afeminado y relamido.

Another contribution from staunch sexists, this gesture is based on assuming a girly –and very fairy– pose.

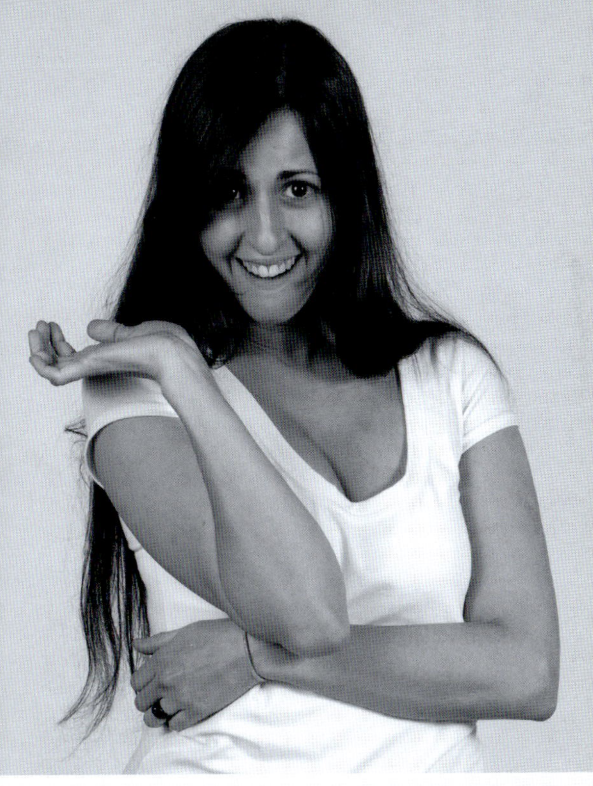

La palma sostiene el codo del otro brazo, que se levanta y deja caer la mano con la muñeca quebrada. With one hand, hold up the elbow of your other arm, which lifts up girlishly into the air and then let the arm on your lifted arm hang limp.

Refiere a la mediocridad de cierta cosa que no es lo bastante buena, segura, cierta o clara: que no es "ni así ni asá". También se usa para expresar la vaga o tibia impresión que nos causó una determinada persona.

"Mmmm... maso"

This gesture is used to express mediocrity. Whatever we are referring to is not good enough, not safe enough, or not clear enough: neither here nor there. We also utilize this gesture when we have met someone who has not really made a good impression on us.

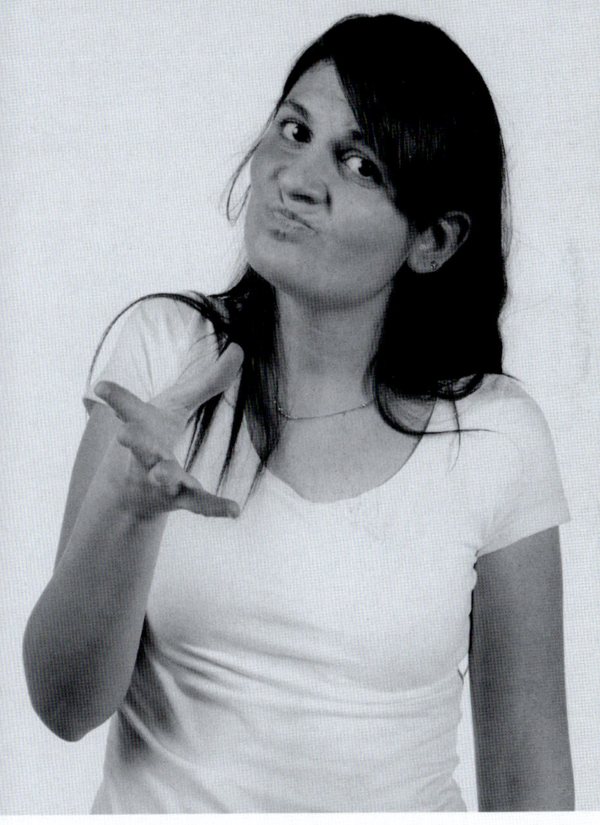

La palma extendida se sacude o gira como una pandereta.
Extend your hand and swing it or spin it like a see-saw.

Cuando algo nos conmueve positiva o negativamente y nos llega a lo más hondo, o estamos muy agradecidos por un "gesto" de alguien, apelamos al órgano vital por excelencia.

"Me mata"

When something really moves us or shakes us up, or when we want to express our appreciation for something someone has done for us, we get right down to the heart of the matter by bringing our hands up to our number one organ.

"Heart rendering"

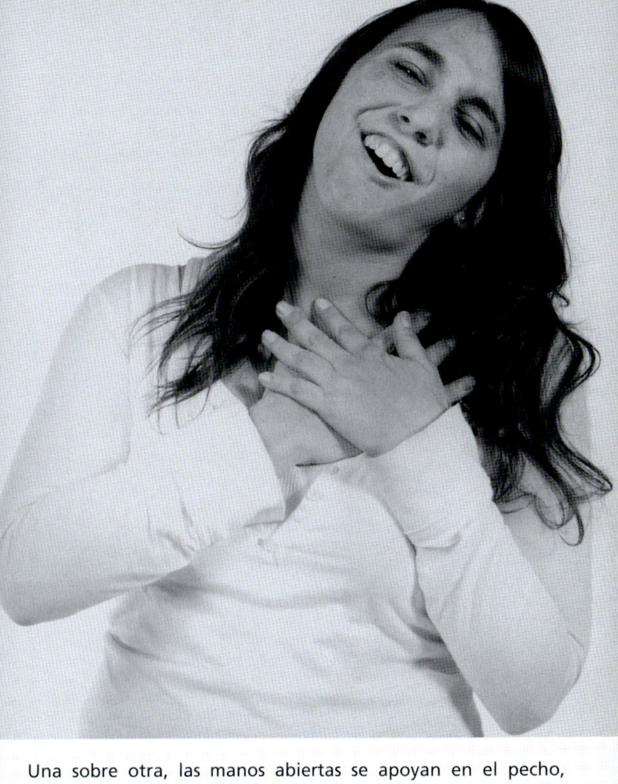

Una sobre otra, las manos abiertas se apoyan en el pecho, como un corazón a flor de piel. La cara muestra la emoción correspondiente. With one hand over the other, bring them open to your chest, as if your heart were about to burst out of it. Your face should be accordingly expressive.

Dado que el gesto de castrarnos sería soez, cuando una situación llega a su punto límite o recibimos una negativa espantosa y "sin vuelta atrás" nos "pegamos un tiro" y basta.

"Me quiero matar"

Castration would be overdoing it, so when we get some really bad news or there's no going back, we simulate shooting ourselves, and it's over.

"I wish I was dead"

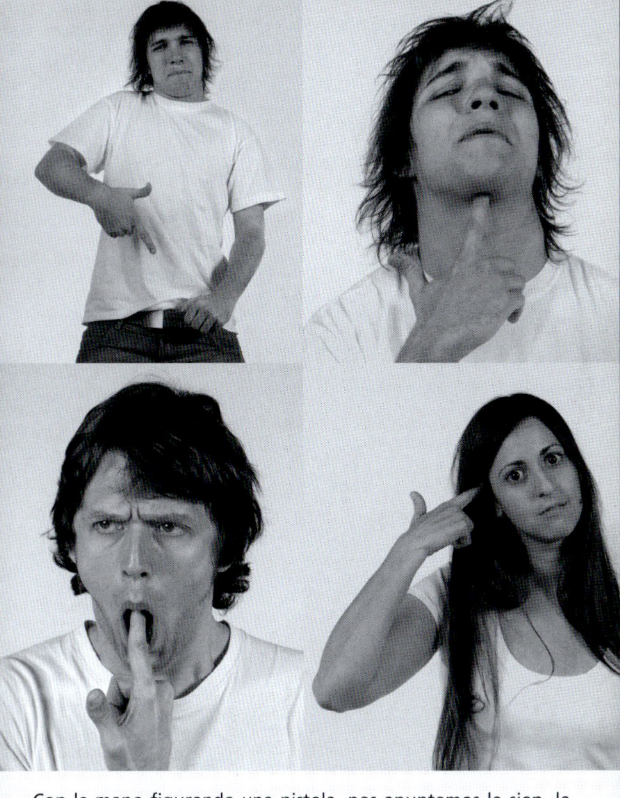

Con la mano figurando una pistola, nos apuntamos la sien, la boca abierta, debajo del mentón o los genitales. With the hand pointing like a gun, we point at our temple, open mouth, under the chin or genitals.

Esto es lo que hacemos cuando algo no nos importa ni nos interesa "en lo más mínimo".

"No vale la pena"

When we are not at all interested in the result, we make this gesture.

"It's not worth it"

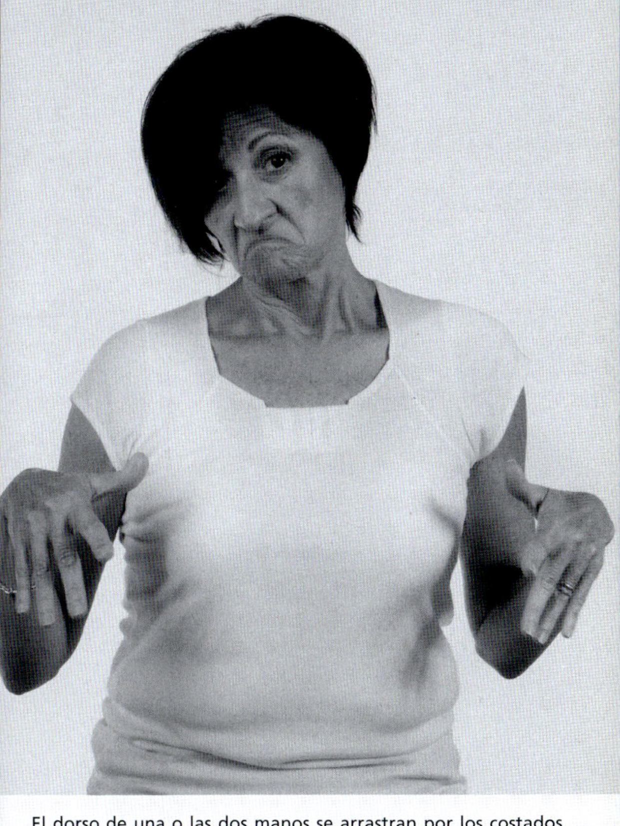

El dorso de una o las dos manos se arrastran por los costados, como sacudiendo un polvillo. With the back of your hands, dust off your sides.

Con un simple movimiento digital, podemos anunciar a otro que sus expectativas no serán cumplidas. Así de fácil.

"Sí, claro…"
"Ja, ja"

With this simple digital movement, we let someone know that their expectations will not be fulfilled. That's the long and short of it.

"Yeah, right…"
"Sure thing, buddy"

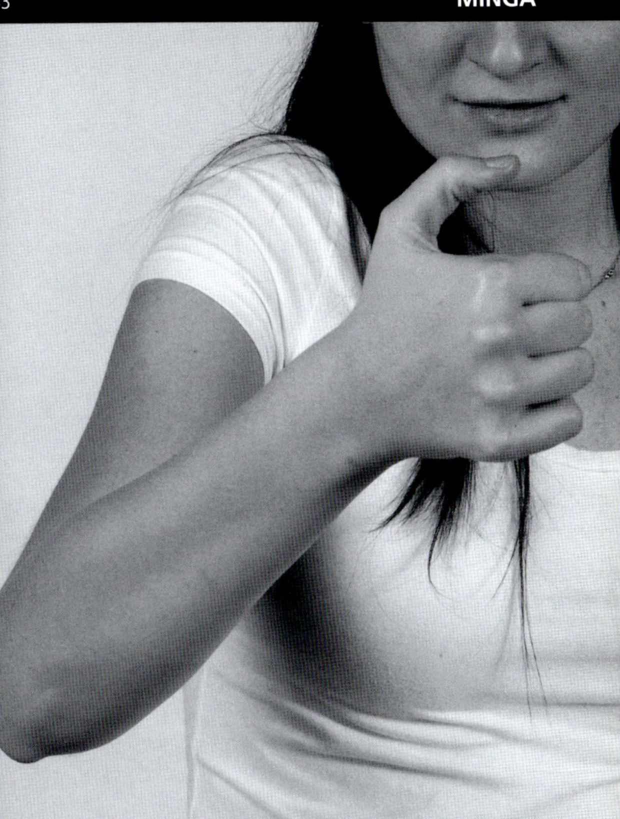

Con el puño cerrado y el pulgar en alto, articulamos el dedo repetidas veces. Close your fist and hold up your thumb, and bend it a few times.

Este gesto es utilizado para llamar la atención del mozo cuando estamos en un bar o un café. El énfasis que requiera conseguir nuestro objetivo (que se nos preste atención) podrá ir creciendo: desde levantar más la mano, extender más los dedos, abrirlos, sacudirlos y agitar uno o los dos brazos, hasta apelar a la trillada fórmula: "¡Mozo! ¿Me atiende?". Se es más elegante cuando sólo se muestra nuestra intención con la fuerza de la mirada o un movimiento sutil de las cejas.

This gesture is used to get the waiter's attention in a café or bar. The emphasis that is required in order to achieve our goal (that is, for the waiter to notice us) can increase gradually: first we lift our hand a bit higher, then we stretch out our fingers, then we spread them out, finally we shake our hands or even one or both arms, until at last we fall into the old: "Waiter! Can I order?" It is much more elegant to express our intention by gazing steadily at the waiter or slightly moving our eyebrows.

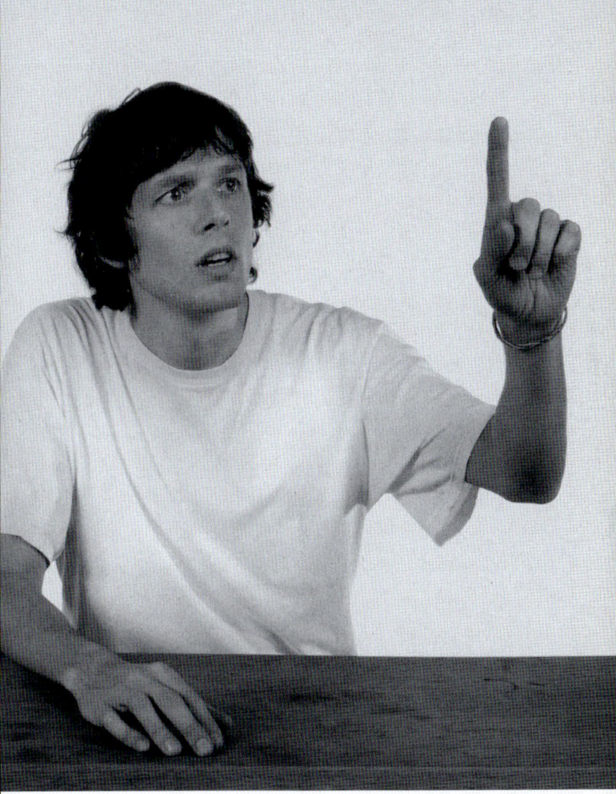

Se levanta la mano con el índice elongado a la altura de la cabeza. La mirada se dirige al mozo. Lift your hand with the index finger outstretched and hold it at head level. Stare at the waiter.

Con este gesto mostramos que no se nos ocurre nada o que desconocemos la respuesta al interrogante que se nos formuló (o el paradero de una determinada persona), sin darle mayor importancia.

"Ni una pista"
"¿Qué sé yo?"

This gesture indicates that we have no idea or that we don't know the answer to the question (such as, "Do you know where so-and-so is?") and that we really don't care too much, either.

"No clue"
"How should I know?"

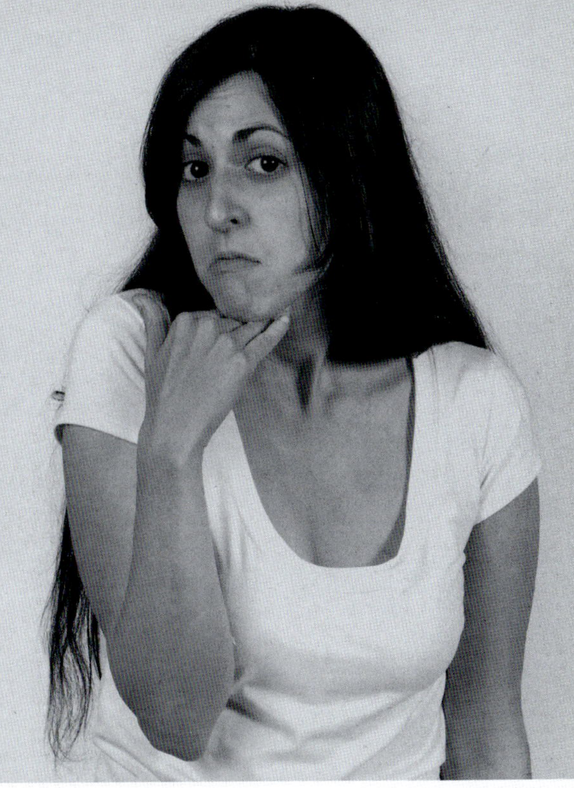

El dorso de la mano barre el mentón de atrás para adelante mientras la boca gesticula la mímica del payaso triste. With the top of your hand, brush your chin from back to front while making a sad clown face.

Este gesto de sobreentendido sirve para poner en claro que nos referimos a algo no definido o indeciso.

"Ni muymuy ni tantán"

This gesture allows the other person to understand that we are referring to something that is not entirely clear.

"Sort of..."

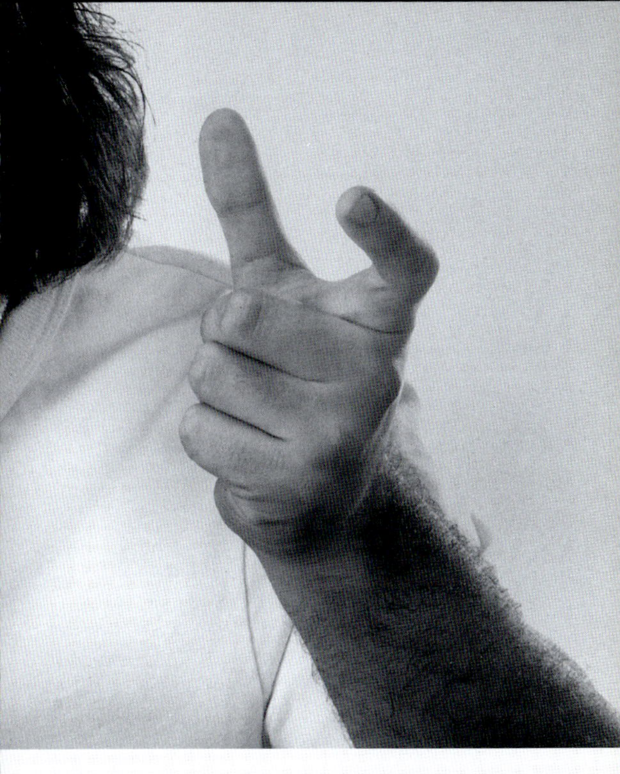

Con los dedos en la misma posición que para "¡Un café!" (ver p.125), se coloca la mano horizontal a la altura del pecho y se mueven el pulgar y el índice como un balancín. With the fingers in the same position as "Espresso, please!") (see p. 125), hold your hand horizontally at chest level and move your thumb and index finger like a see-saw.

Cuando la distancia, la premura o las ganas no dan cabida a un beso de despedida, bienvenido sea un saludo gestual, derivado de la venia militar y variante al fin del acto de sacarse el sombrero, es decir: de mostrar respeto con una gentileza.

"Hasta la vista, baby"

Caso contrario, cuando no tenemos más tiempo o ánimo de prolongar una situación o ya completamos una tarea, sirve también hacer este gesto para decir "Chau" o "Se terminó".

When you are too far away or in too much of a hurry to actually kiss someone goodbye, it's a good time to use this farewell gesture, derived from the military salute. This is a substitute for taking off your hat: that is, of paying your respects.

"Hasta la vista, baby"

In other contexts: when we don't have the time or the desire to continue prolonging a situation or when our job is finished, we can also do this gesture to say "Goodbye" or "It's over."

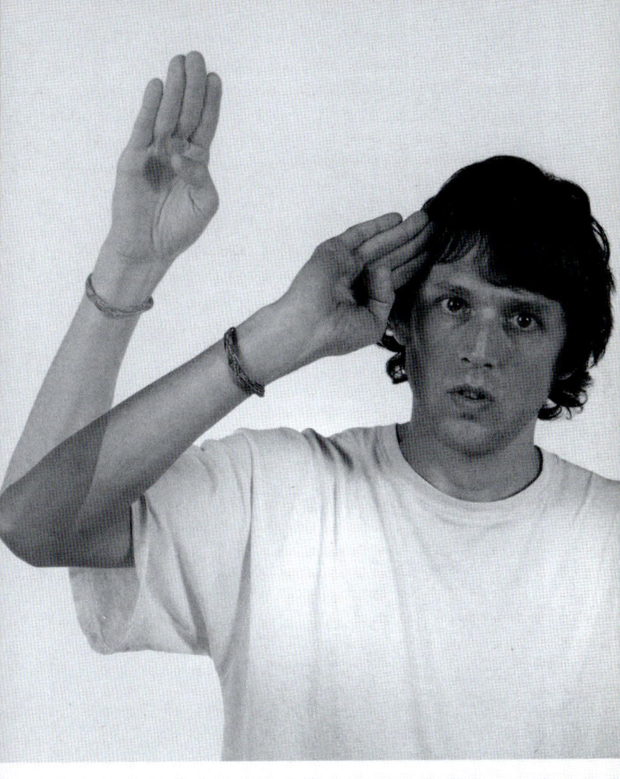

Partiendo de un gesto de venia, se separa la mano de la frente con un movimiento corto y firme en dirección a la persona que se despide. Starting with the military salute gesture, your hand moves away from your forehead in a brief but decisive movement towards the person whom you are greeting.

Este gesto de advertencia nos avisa que podemos estar cometiendo una equivocación, nos señala que debemos ser más cuidadosos y nos sugiere mirar el asunto que se trata con la debida atención.

"Ojito, ¿eh?"
"¡Atenti!"
"Guarda"

Para decir "atención", los argentinos usamos frecuentemente la forma del lunfardo "¡guarda!", que se deriva del italiano *guardare*, "mirar".En confianza, se lo puede utilizar también para establecer una complicidad de manera pícara.

This warning signal lets us know that we may be making a mistake. It can also mean that we should try to be more careful or pay special attention to what we are doing.

"Keep an eye on it"
"Keep your eyes peeled"

To say, "Look out!", Argentines often use a lunfardo term "Guarda!" which comes from the Italian guardare, "to look".With people you are close to, you can also use this gesture as a playful way to let them know you are letting them in on a little secret or making them your accomplice.

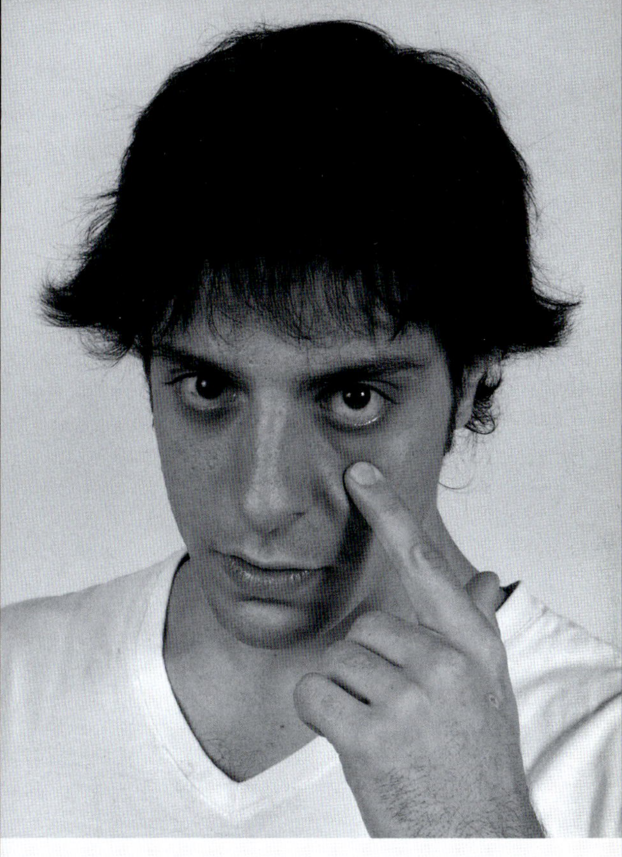

El dedo índice tira del párpado inferior hacia abajo. With your index finger, pull the lower eyelid slightly down.

La sobremesa argentina es legendaria: animada por las conversaciones, las risas y alguna que otra conspiración, se prolonga regada de vinos, whiskies, ginebras, cafés o cualquier bebida que sea propicia. Es así. Así nos gusta vivir y así cultivamos nuestros valores más altos: la amistad, la charla y el amor por los frutos de la tierra. Por lo tanto, este gesto surge como un festejo imprevisto de alegría y funciona como un pase mágico.

"Dejá, invito yo"

Milling at the table is a tradition in Argentina: we chat, laugh and conspire as we wet our whistles with wine, whiskey, gin, espresso or any other beverage we all agree on. That's the way it goes. Argentines love life and this is one of the ways we pay homage to what we cherish the most: friendship, good conversation and the fruits of the land. As a result, this gesture arises like an impromptu sign of happiness, and it works like magic.

"Don't worry, it's on me"

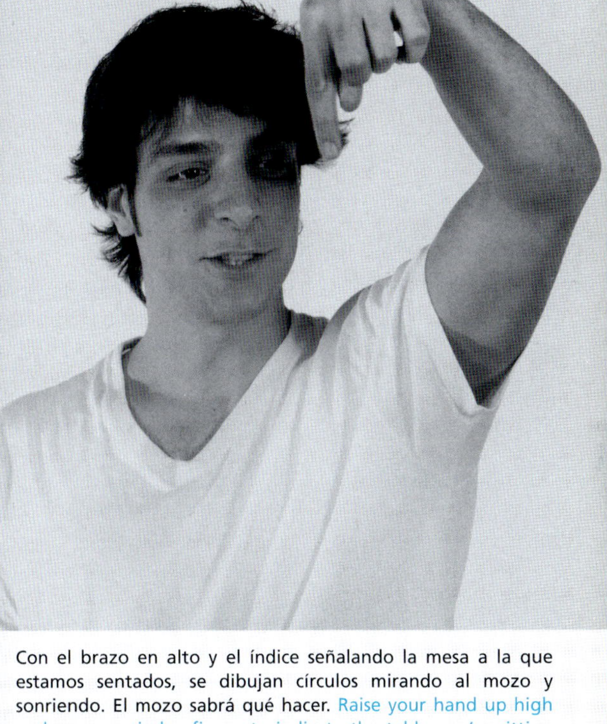

Con el brazo en alto y el índice señalando la mesa a la que estamos sentados, se dibujan círculos mirando al mozo y sonriendo. El mozo sabrá qué hacer. Raise your hand up high and use your index finger to indicate the table you're sitting at. Then trace a circle in the air while smiling at the waiter. The waiter will know what to do.

Así le indicamos con claridad a otra persona que tiene una deuda con nosotros, y que de ninguna manera aceptaremos un pago en especias.

> *"Contado"*
> *"Poniendo (estaba la gansa)"*
> *"Poniendo (un billete sobre el otro)"*
> *"Quiero ver los billetes"*
> *"¡Taca-taca!"*

This is how we clearly indicate to someone that they owe us money and that we want payment in tender.

> *"Cash"*
> *"Cough it up"*
> *"Hand it over"*

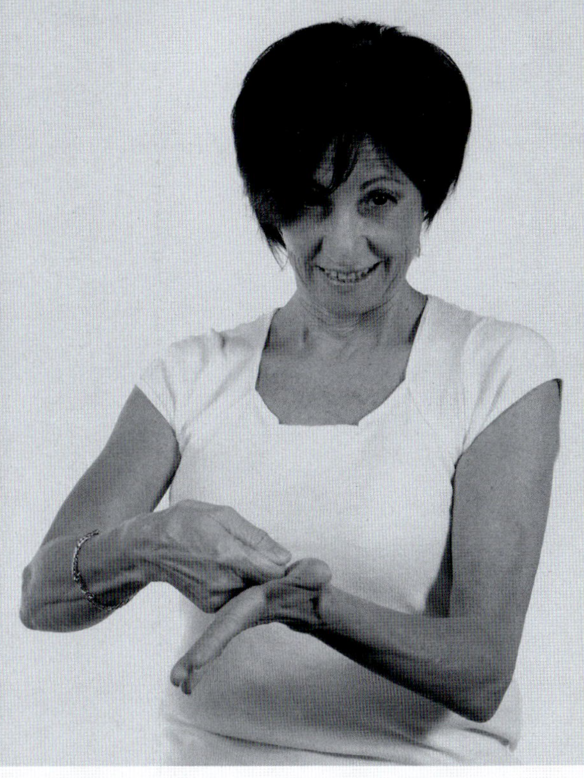

Con la energía del martillo de un rematador, el puño de una mano golpea la palma de la otra. With the determinance of an auctioneer bringing down the gavel, bring down one fist onto the open palm of your other hand.

Casi siempre cruzamos los dedos para tener o desear suerte, pero también para pedir tregua o hacer un paréntesis durante un juego, y así todo lo que digamos en estado de "pido" no vale como cierto. Eso, si jugamos limpio. Pero si no queremos que los demás sepan si es verdad o no lo que decimos, podemos esconder la mano detrás de la espalda. Mientras lo hagamos, cualquier cosa que expresemos no tiene por qué ser verdadera.

We nearly always cross our fingers when we want luck to be a lady for ourselves or for someone else. However, we also use it to ask for a truce or to call a time-out during a game. That's when we are playing fair. However, if we are not playing fair or we don't want anyone to know that we are not telling the truth, we do the gesture behind our back. As long as we are crossing our fingers, we are free to lie to our heart's content.

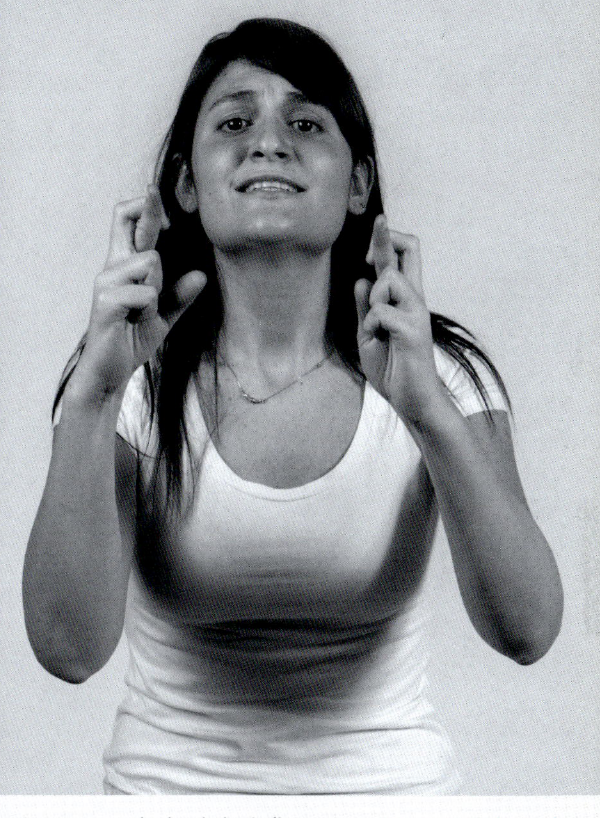

Se cruzan en alto los dedos índice y mayor. Cross your index and middle fingers and hold them up.

Los gestos faciales tienen en la burla uno de sus más ricos y variados campos de uso, y entre ellos éste es uno de los más populares. Este franco gesto de mofa se conoce entre nosotros desde hace tiempo (no sabemos por qué) como "catalán".

Poking fun at someone is one of the main purposes of many facial gestures. This is one of the most popular gestures for teasing and taunting. This childish gesture has been known among Argentines as "Catalonian" for some time (we don't know why).

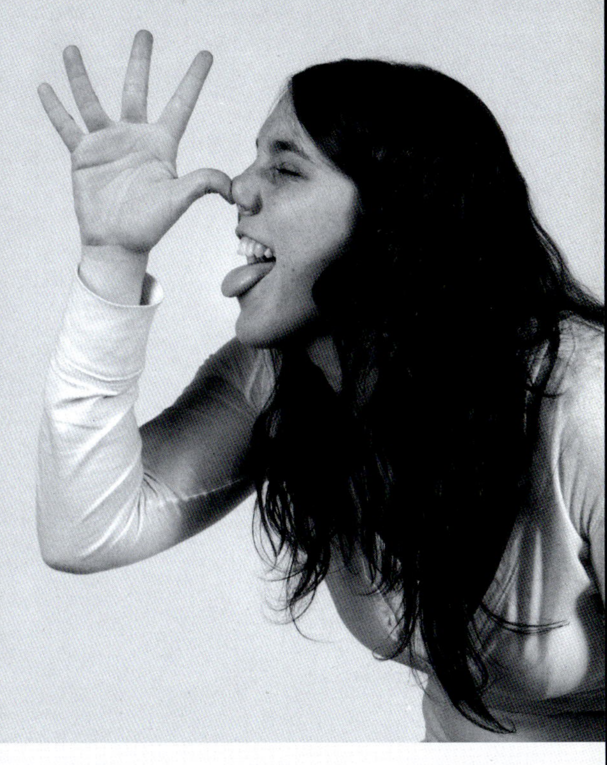

El pulgar se apoya en la nariz y los dedos de la mano abierta se mueven como tocando una trompeta. Y vale doble también. Touch your thumb to your nose and move the fingers on the same hand as if you were playing the trumpet. If you really want to rub it in, use both hands.

Cuando comprobamos que teníamos razón en algo acerca de lo que otro dudaba o simplemente "cagamos" a alguien, gozamos "poniéndole la tapa".

"Te lo dije"
"Se la puse"

When we find out that we were right about something that someone dared to question or whenever we beat someone, we love telling them to "put a lid on it."

"I told you"

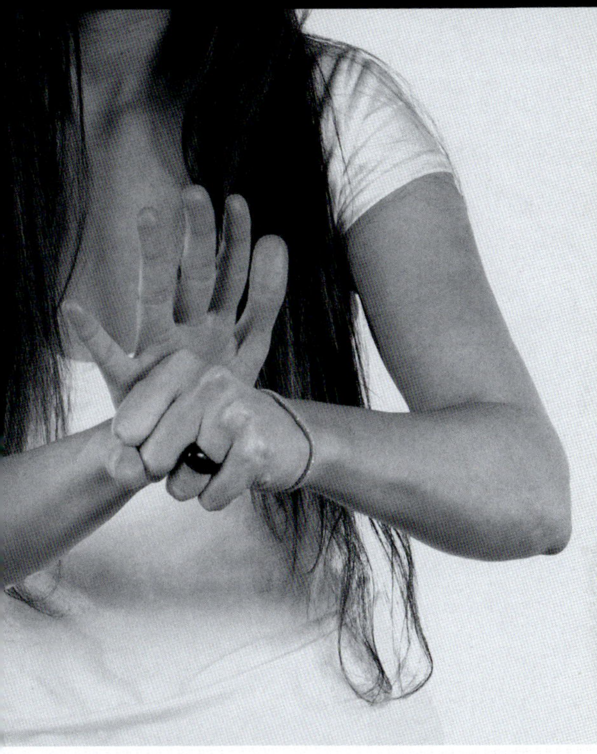

La palma de una mano se estampa sobre el puño cerrado y gira 45° de izquierda a derecha, o bien se aplica sobre el puño haciendo presión con fuerza. Put the palm of one hand down onto the closed fist of your other hand and then turn the palm 45° right or left. If you aren't going to turn, then press down forcefully.

La estupidez y la terquedad ajenas pueden "llenarnos tanto los huevos" que al final quedan colgando mucho más allá de los confines del pantalón.

"Me tenés los huevos llenos"

Sometimes people break our balls so much that they hang down way below our pants.

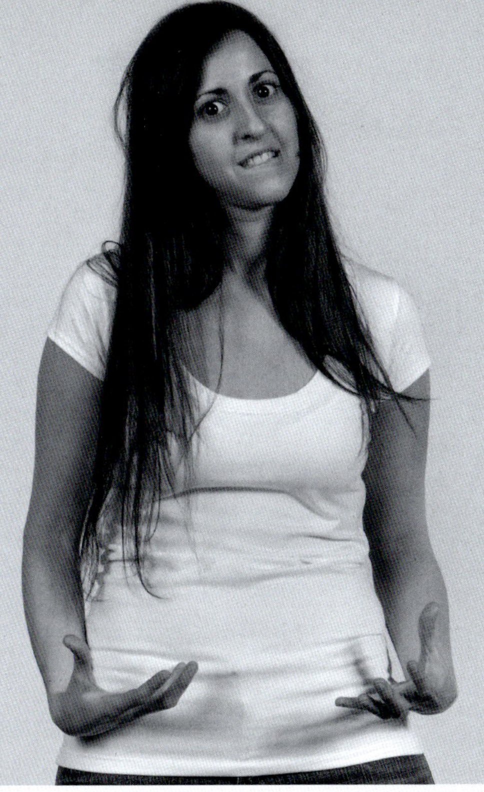

Las manos abiertas se colocan como sosteniendo unos testículos gigantes y pendulantes. Open your hands and place them way below your pants, as if you were holding up a pair of giant, testicles.

Si queremos garantizar algo, basta con nuestra palabra.

"Te bato la precisa"

Si queremos darle un reaseguro aun sin enunciarla, podemos tomar una pluma imaginaria y estampar nuestro nombre en el aire.

"Ponele la firma"

If we want to offer a guarantee, this is the gesture.

"Tell it like it is"

If we want to reassure the other person without uttering a word, we take an imaginary pen and sign our name on the air.

"Put your John Hancock on it"

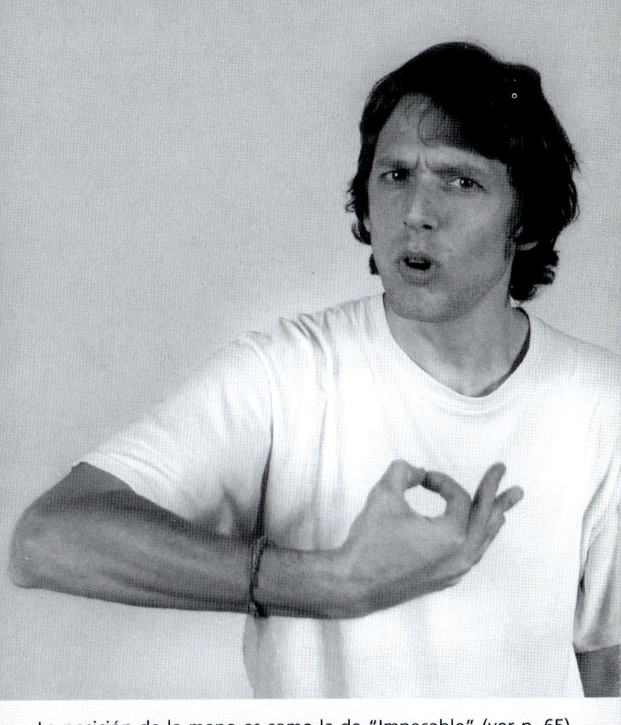

La posición de la mano es como la de "Impecable" (ver p. 65), pero el movimiento vertical es preciso, contundente y firme como lo que decimos, o bien dibujamos con decisión nuestra firma en el aire. The hand position is similar to "Picture perfect" (see p. 65), but the vertical movement is precise, leaving no room for doubt. Otherwise, we can decisively sign our name in the air.

Esta es una de las formas más comunes de manifestar la impotencia y la resignación ante algo que "no está en nuestras manos".

"¡Y bué!"
"Qué se yo"
"¿Qué-querés-que-le-haga?"

This gesture is a common way to express our resignation. We use it when something is out of our hands.

"What do you expect me to do about it?"

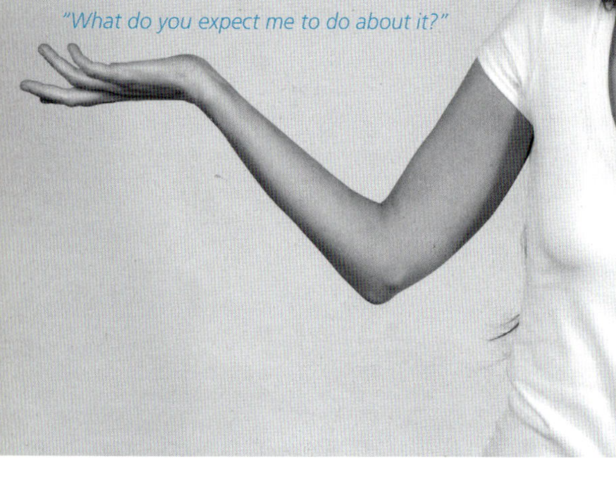

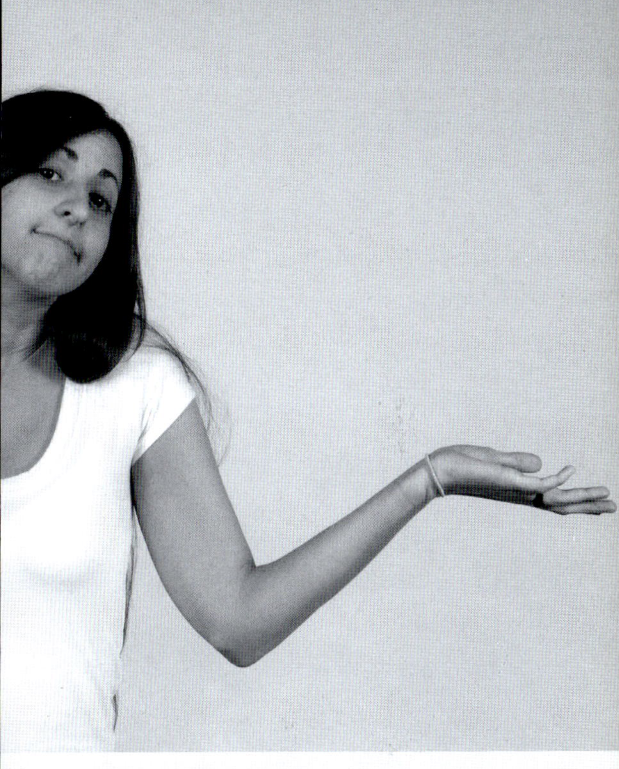

Con la expresión característica en la cara, las cejas en alto y la boca descontenta, se doblan ambos codos y se llevan los brazos a los costados. With a resigned look on your face, arch your eyebrows and twist your lips downward. Then bend both elbows and throw your arms to your sides.

Este gesto indica raudamente que ya es momento de irse.

"Su ruta"
"Vía"
"¡A tomarse el buque!"
"¡Mandá a mudar!"
"Vamooo..."

This gesture is a crude way of letting someone know it's time to go. Now.

"Move it or lose it"
"The door's that way"
"Uh-huh, buh-bye"

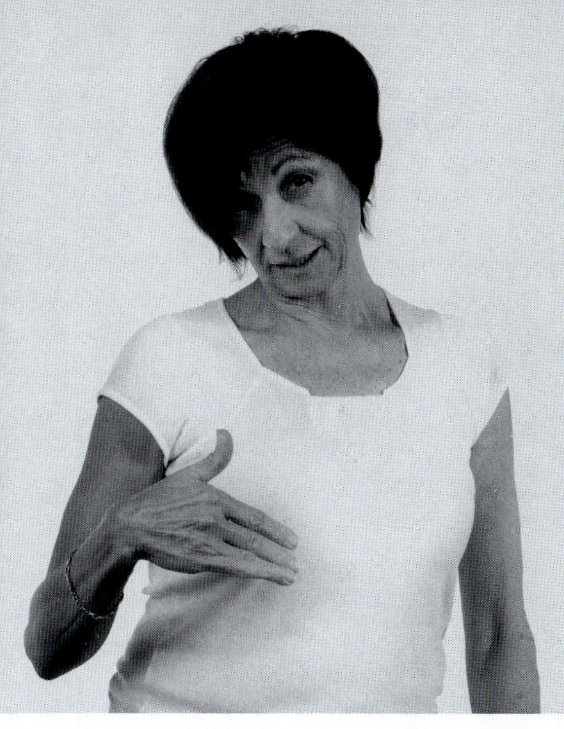

La mano, con los dedos extendidos y pegados entre sí salvo el pulgar, se mueve brevemente de abajo hacia arriba cerca del torso. De querer ser más enfáticos, se emite un silbido corto que acompaña cada movimiento. Stretch out your fingers all together except for the thumb, which sticks up. Then move your hand slightly upwards and back downwards toward your torso.

Decimos que "la remamos" cuando remontamos una situación adversa ("contra viento y marea") o avanzamos con constancia cuando la vida se pone difícil.

"Hay que poner el pecho"

Argentines say "row past it" when we are facing a difficult situation (an uphill battle) or when we continue to advance even when the odds are against us.

"Grin and bear it"

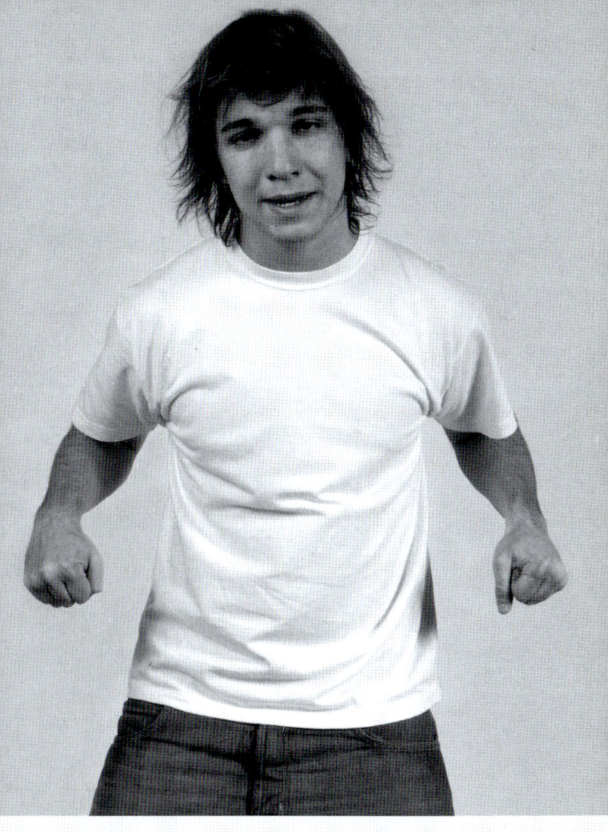

Imitamos la acción de empuñar los remos, con una o ambas manos. Pretend to be rowing a boat, with one or both hands.

Este gesto vale igualmente para decir robar (en lunfardo, "afanar") o ladrón ("chorro"). Y que quede claro: en este barrio, la mano es más rápida que la vista.

This gesture can be used to refer to the act of robbing (in lunfardo, "afanar") or to refer to a thief ("chorro"). It's perfectly clear: around these parts, the hand is quicker than the eye.

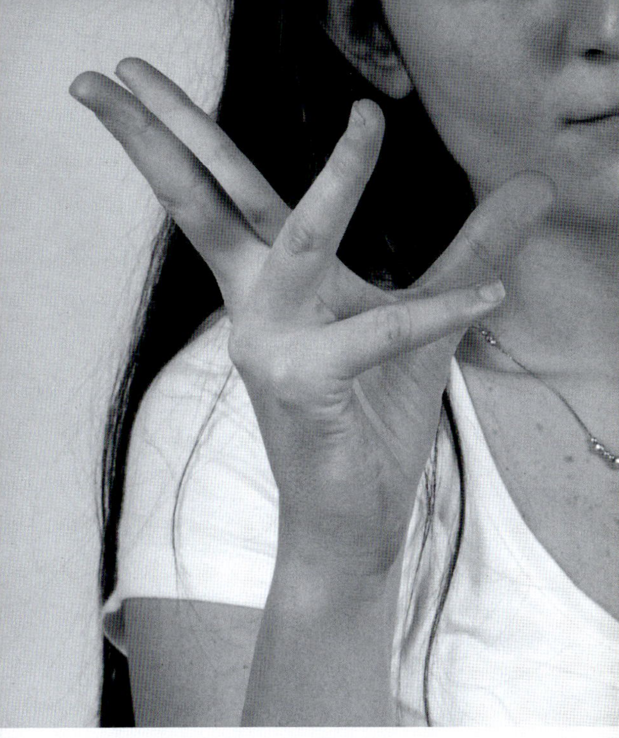

Los dedos extendidos de una mano se cierran secuencialmente, empezando por el meñique, con excepción del pulgar, que queda desplegado. Como hacen los arpistas. Stretch out the fingers on one hand and close them one by one. Start with the pinky finger and continue until you have closed the index finger (the thumb remains outstretched). As if you were playing the harp.

Con este manierismo se indica el vacío o el sinsentido de lo que se nos dice. Una especialidad de la casa.

"Puro chamuyo"
"Cualquier verdura"

This gesture indicates that what we are hearing is meaningless - just talk. In Argentina, this is the house specialty.

"Blah, blah, blah…"
"Bullshit"

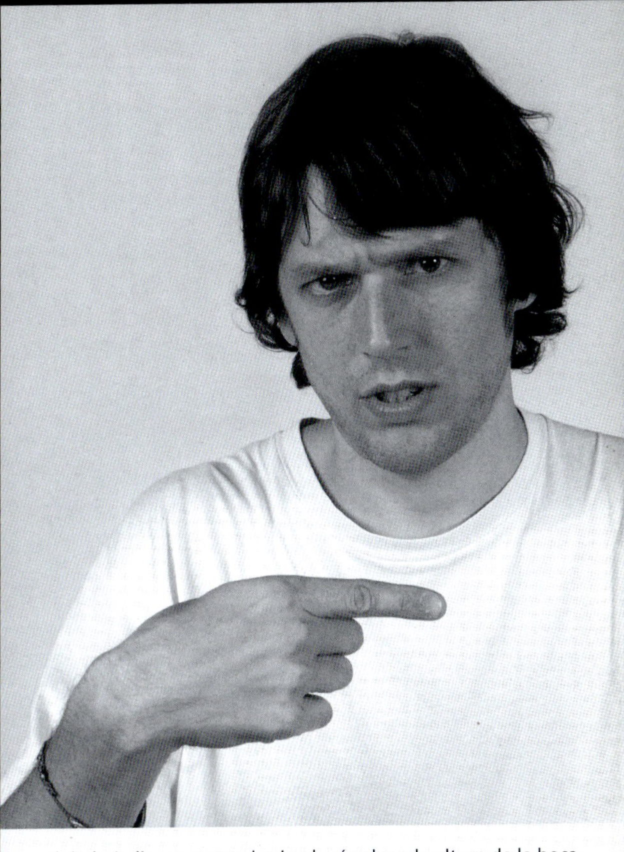

El dedo índice se mueve haciendo círculos a la altura de la boca.
The index finger forms circles, in front of the face.

Expresa el límite de una situación. Probablemente tenga su origen en las señas con que se le indica a un piloto de avión que debe detener el movimiento de la nave.En circunstancias dramáticas, y para ser terminante, se hace de una sola y brusca vez.

"No da para más"
"Adióssss..."

This marks the end to any situation. It probably originated from the signs used to let a pilot know she should stop the plane.In dramatic situations, in order to be perfectly clear, it is done quickly and only once.

"That's all, folks"
"Over and done"

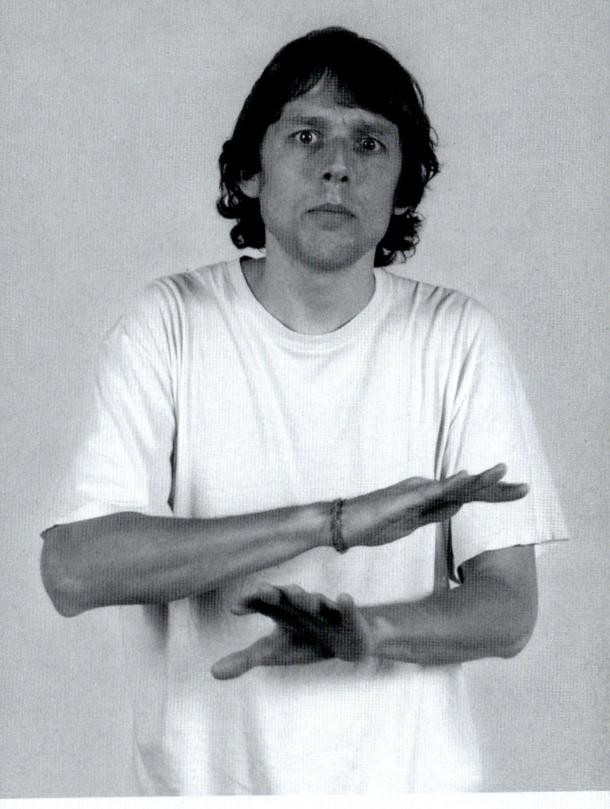

Con las palmas hacia abajo, los antebrazos se cruzan y se descruzan dos o tres veces. With your palms facing downwards, cross your forearms and then uncross them two or three times.

Puesto que la suerte es un concepto difícil de representar gráficamente, se hace la mímica de abrir un generoso orificio, lo que tienen su correlato en la frase: "¡Qué orto!".

Since luck is a hard concept to mimic, we trace a large orifice. In Argentine Spanish, saying someone has a huge ass is synonymous with saying how lucky they are.

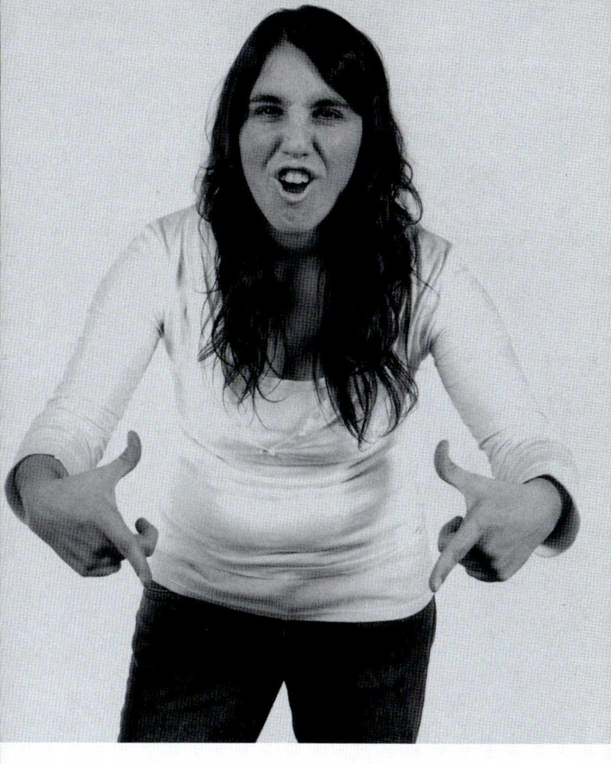

El pulgar y el índice de ambas manos hacen dos semicírculos que se separan tanto como sea necesario para expresar que "tiene un 'culo' así de grande". With the thumb and index finger of both hands, form two semi-circles and separate the hands to show just how big.

Con una cruz que sella nuestra boca, prometemos mantener un secreto o subrayamos la veracidad de lo que estamos diciendo.

"Te lo juro por lo más sagrado"
"Por mi madre"

By making the sign of the cross on our lips, we promise to keep a secret or highlight the veracity of what we have just said.

"I swear on my mother's grave"
"I swear to God"

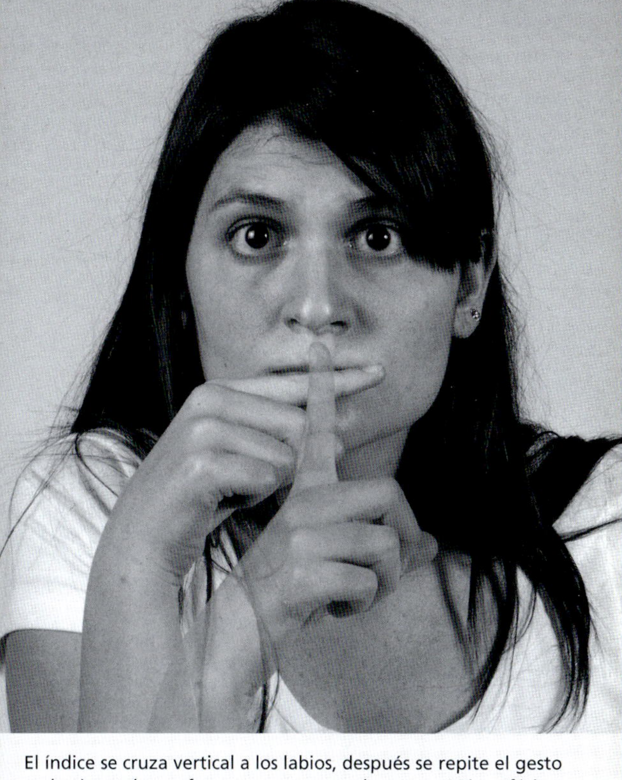

El índice se cruza vertical a los labios, después se repite el gesto en horizontal para formar una cruz que besamos. Más enfático: hacemos una cruz modelo X sobre los labios, que sellamos con un beso de pureza. Cross your lips vertically with the index finger, then repeat it but forming the gesture horizontally to make a cross, which we then kiss.

A toda hora en cualquier bar o después de haber comido
en cualquier restaurante de Buenos Aires, este gesto tiene
un nivel de comprensión absoluto: no existe el mozo o la
mesera que puedan dudar acerca de que lo que queremos
es un rico café.

Por otra parte, y de ser necesario, este mismo gesto
puede ser utilizado en cualquier contexto como señal de
"pequeño" o "chiquito".

At any hour of the day or night, in any café or after finishing
a meal in any restaurant in Buenos Aires, this gesture is
unmistakable: every wait person in the city will turn on his
or her heels to fetch us a piping hot espresso.

In another context, and when necessary, this same gesture
can be used to express that something is "small" or "tiny".

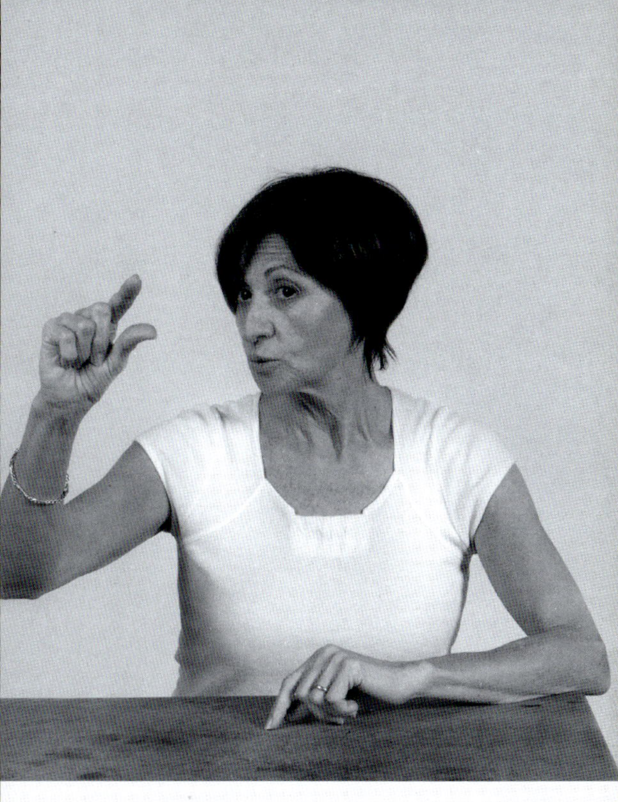

Los dedos índice y pulgar se separan para representar el tamaño de un pocillo de cáfé o como formando una letra C. The index finger and thumb separate as if you were holding a small espresso cup, forming the letter C.

Es un gesto de aliento, de entusiasmo, de autoafirmación, de poderío y de fuerza: la fuerza viril que distingue al Gran Macho Argentino.

"¡Vamos todavía!"
"¡Vamos Argentina, todavía!"

This is a gesture for egging someone on. It expresses enthusiasm, self-confidence, power and strength: the virile strength that characterizes the Grand Argentine Macho.

"Keep it going!"
"Let's go Argentina, come on!"

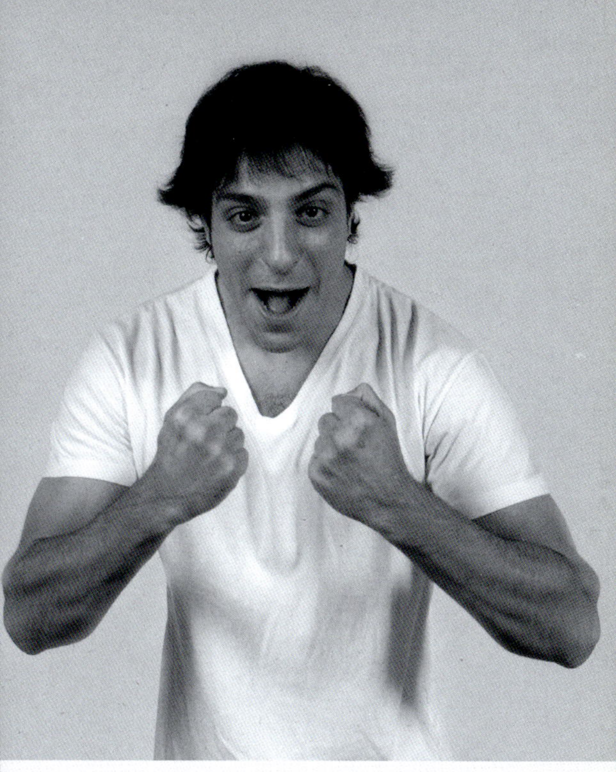

Se dobla el codo, se levanta el brazo y se sacude leve pero enérgicamente el puño cerrado. Para mostrar más "garra", se muerde el labio inferior. Bend your elbow, lift your arm and shake your closed fist slightly but energetically. To really go overboard on this one, bite your lower lip.

Es un gesto que nos libera de la responsabilidad.

"Ah! No sé nada."

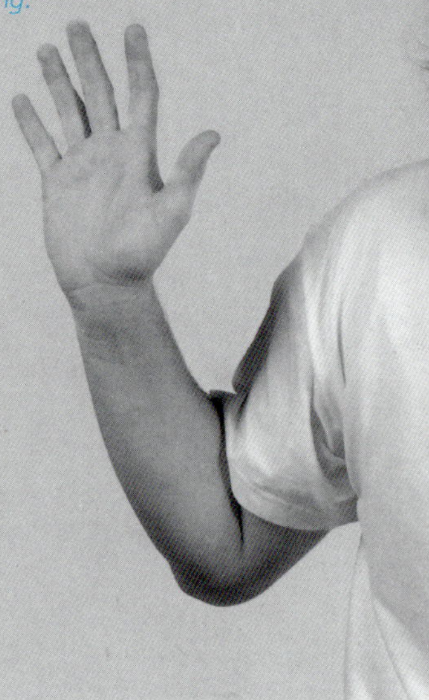

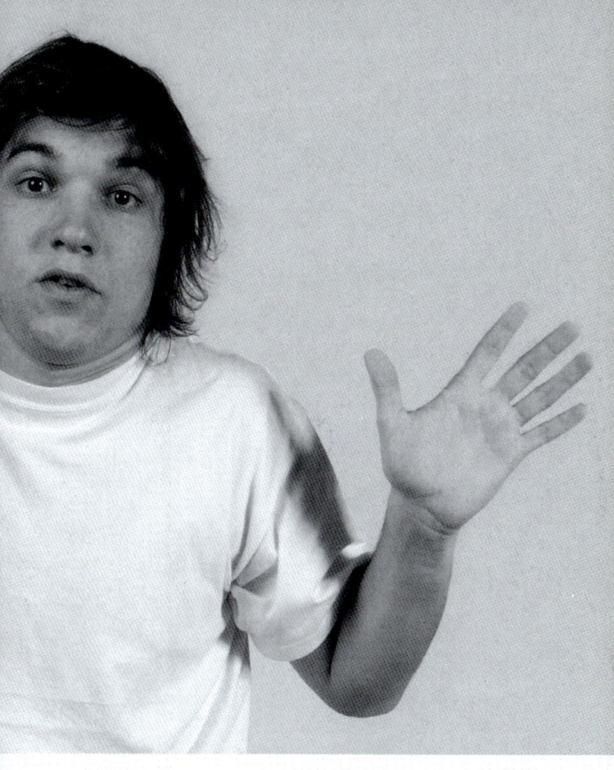

Se muestran las palmas de las manos limpias, se encogen levemente los hombros y se levanta el mentón. Una actitud inobjetable. Hold up your palms o show that your hands are clean, lift your arms slightly and tilt your chin upwards. No one can object. Unless, of course, you are not Argentine.

Frases

Language Tips

En el restaurante o bar

"¡Mesera! Me trae la carta por favor"
"¡Señorita! Me trae el menú, por favor."

"¡Camarero!"
"¡Mozo!"

"De primero quiero unas gambas."
"Para empezar quiero unas gambas."

"De segundas quiero un bistec con puré."
"Como plato principal quiero un bife con puré."

"Quisiera un sorbete de limón."
"Quisiera un helado de dulce de leche."

"Una caña, por favor."
"Quiero tomar una cerveza."

"¿Podría traerme un refresco?"
"¿Podría traerme una gaseosa?"

"Traeme un cortado, por favor."
(El cortado es un café con unas gotas de leche)

"Quisiera un zumo de naranja."
"Quisiera un jugo de naranja."

"¿Podría traerme palillos?"
"¿Podría traerme escarbadientes?"

"~~¿Qué es lo que quieren comer?~~"
"¿Qué tienen ganas de comer?"

"~~Me encantan los perritos calientes.~~"
"Me encantan los panchos."

"~~Quiero una horchata de melocotón.~~"
"Quiero un licuado de durazno."

"~~Una ración pequeña para el peque.~~"
"Una porción pequeña para el niño."

"~~¿Dónde están los aseos?~~"
"¿Dónde están los baños?"

Comunicación

"~~¡Oye!~~"
"¡Che!"

"~~¿Diga?~~"
"¿Hola?"

"~~El teléfono comunica.~~"
"La línea está ocupada."

"~~No cuelgue, por favor. Ahora se pone.~~"
"No cuelgue, por favor. Ahora lo atiende."

"~~¡Venga!~~"
"¡Dale!"

"¿De dónde eres?"
"¿De dónde sos?"

"Tengo que llamar a mis padres."
"Tengo que llamar a mis papás. "

"Mi móvil se quedó sin batería."
"Mi celular se quedó sin batería."

"Le he llamado para invitarle a cenar."
"Lo llamé para invitarlo a cenar."

"Tengo prisa."
"Estoy apurada."

"Juan utiliza Internet desde su ordenador."
"Juan usa Internet desde su computadora."

"Leí la noticia en el periódico."
"Leí la noticia en el diario."

Transporte

"Cogeré un taxi."
"Voy a tomar un taxi."

"¿Sabes qué autobús me lleva a Retiro?"
"¿Sabés qué colectivo me deja en Retiro?"

"Viajaremos a Mendoza en autocar."
"Vamos a viajar a Mendoza en micro."

"~~¿Hay alguna gasolinera? Necesito combustible.~~"
"¿Hay alguna estación de servicio? Necesito nafta."

"~~El metro estaba al tope.~~"
"El subte estaba lleno de gente."

"~~El vale del tren cuesta € 1.~~"
"El boleto del tren cuesta $0,70."

"~~Quiero reservar un sitio.~~"
"Quiero reservar un asiento."

"~~La finca está sobre la carretera 21.~~"
"El campo está sobre la ruta 21."

"~~Haré autoestop.~~"
"Voy a hacer dedo."

"~~Iré andando.~~"
"Voy a ir caminando."

"~~Conduciré el coche de mi amigo.~~"
"Voy a manejar el auto de mi amigo."

Compras

"~~Una paquete de Marlboro, por favor.~~"
"Un atado de Marlboro, por favor."

"~~¿Me das un pitillo?~~"
"¿Me das un pucho?"

"¿Tienes un mechero?"
"¿Tenés un encendedor?"

"Llevo gafas de sol."
"Uso anteojos de sol."

"¿A qué hora cierra la tienda?"
"¿A qué hora cierra el negocio?"

"He comprado un bolso muy lindo."
"Me compré una cartera muy linda."

"Juan le obsequió una falda y una camiseta a su novia."
"Juan le regaló una pollera y una remera a su novia."

"Quiero comprar una cazadora de piel."
"Quiero comprar una campera de cuero."

"Soy de la talla 40."
"Soy talle 40."

"Iré al colmado a comprar una lata de judías verdes."
"Voy a ir al almacén a comprar una lata de arvejas."

"Llenamos el carrito de comida."
"Llenamos el changuito de comida."

Alojamiento

"Necesito comprar otra maleta."
"Necesito comprar otra valija."

"~~Quiero rentar un apartamento en Belgrano.~~"
"Quiero alquilar un departamento en Belgrano."

"~~Comparto mi habitación con dos chavales.~~"
"Comparto mi habitación con dos chicos."

Salidas / Actividades

"~~¿Qué harás esta noche?~~"
"¿Qué vas a hacer esta noche?"

"~~Anoche fuimos a una discoteca muy chula.~~"
"Anoche fuimos a un boliche muy copado."

"~~Me apetece ir a bailar esta noche.~~"
"Tengo ganas de ir a bailar esta noche."

"~~El bar está en la acera de enfrente.~~"
"El bar está en la vereda de enfrente."

"~~Iré a la taquilla del teatro a comprar unos billetes.~~"
"Voy a ir a la boletería del teatro a comprar las entradas."

"~~Ayer me apunté en el gimnasio.~~"
"Ayer me anoté en el gym."

"~~El restaurante está cerrado porque hoy es fiesta.~~"
"El restaurante está cerrado porque hoy es feriado."

"~~Ayer conocí a un chaval guapísimo.~~"
"Ayer conocí a un pibe que estaba buenísimo."

Porteñismos

Porteño Slang

A

acá: Aquí.
allá: Allí.
afeitadora: Rasuradora.
aflojarse: Relajarse.
agarrar: Tomar, asir.
alfajor: Comida dulce formada por dos capas de masa unidas por dulce de leche, mermelada o chocolate.
amarrete: Tacaño.
andá: Interjección coloquial. Expresa descreimiento con respecto a lo que se dice.
apoliyar: Dormir.
arrugar: Tener miedo.
asado: 1. Corte de carne para hacer en la parrilla. 2. Reunión donde se come carne a la parrilla.
atado: Pequeña caja de cigarrillos.

B

babearse: Forma de demostrar orgullo por una persona cercana.
bacán: Persona adinerada.
bagayo / bagre: Persona fea.
bajón: Situación negativa que produce desánimo.
bajonearse: Descenso en el estado de ánimo.
bancar: Se usa para referirse a una persona, esperarla, apoyarla económicamente, tenerle paciencia.
bardear: Molestar, provocar o criticar a una persona.
bardo: Situación confusa, problemática.
basta: Interjección. Se usa para dar por terminada una situación.
berreta: Dicho de una cosa de mala calidad.
bicicletear: Se refiere a una persona que intenta retrasar el

cumplimiento de una tarea, reemplazándola por otra porque no quiere hacerla.

birome: Bolígrafo.

birra: Cerveza.

bolainas: 1. Persona tonta. 2. En ~: desnudo.

boliche: Discoteca.

bolonqui: Problema, desorden.

boludear: 1. Pasar el tiempo sin hacer nada. 2. Decir o hacer estupideces. 3. Burlarse de alguien, criticar a alguien.

bombacha: Ropa interior femenina que se usa para cubrir la parte genital.

bondi: Autobús, colectivo.

botonear: Delatar a alguien.

buchón: Persona que delata.

burrada: Acto o frase que se cree poco inteligente.

C

cacerolazo: Manifestación realizada en la calle, se caracteriza por el ruido producido al golpear objetos tales como cacerolas.

cachete: Mejilla.

cachuzo: 1. Objeto o persona envejecida, deteriorada.

cagado: Miedoso, cobarde.

cagada: 1. Objeto de mala calidad. 2. ¡Qué c.!: Interjección que expresa malestar.

cagar: 1. Engañar o estafar a alguien. 2. Defecar.

cagazo: Miedo.

calentarse: Enojarse.

calentón: Persona que se enoja fácilmente.

calentura: 1. Entusiasmo 2. Excitación sexual.

cana: Policía.

canchero: Persona que se comporta como un ganador.

caradura / cararrota: Sinvergüenza.

carajo: Expresa disgusto, rechazo, sorpresa.
careta: Hipócrita.
cargada: Broma.
cartonero: Persona que vive recolectando cartón de la calle.
cebar: Preparar el mate.
chabón: Joven.
chafar: Robar.
chamuyar: Tratar de impresionar con palabrerías.
chamuyero: Persona que intenta impresionar con palabrerías.
chanchada: Grosería.
changa: Trabajo de corta duración, no estable.
changuito: Carrito usado en el supermercado.
chanta: Mentiroso.
che: Forma de llamar a una persona.
che pibe: Persona que hace los mandados de los demás.
cheto: Persona esnob.
chicato: Persona que tiene problemas de visión.
chiche: Juguete.
chingar: Errar.
chimichurri: Salsa hecha a base de ajíes, ajo, perejil, sal y vinagre. Se usa para condimentar la carne.
chivarse: Enojarse.
chocho: Contento.
cholulo: Persona chismosa.
chongo: Hombre con el que mantenemos una relación amorosa sin compromiso.
chop: Jarro de casi medio litro para tomar cerveza de barril.
chorear: Robar.
choripán: Sándwich de chorizo.
chorro: Ladrón.
choto: 1. Una cosa o situación desagradable. 2. Persona mala.
chucho: Frío.
chupamedias: Persona a la que le gusta adular.

chupar: Tomar bebidas alcohólicas.
chupi: Bebidas alcohólicas.
churrasco: Carne asada, bife.
ciber: Tienda donde se usan computadoras con acceso a Internet.
coger ⚡ : Tener relaciones sexuales.
coima: Soborno.
colarse: Adelantarse en la fila.
colectivo: Autobús.
colgado: Persona que sueña despierta, que no presta atención a lo que lo rodea.
combi: Pequeño autobús.
combo: Paquete que contiene varios elementos.
comilona: Gran comida.
compinche: Compañero.
concha ⚡ : Vagina.
concheto: Persona que tiene actitudes de la clase alta.
conchudo ⚡ : Mala palabra.
conventillero: Persona chismosa.
copado: 1. Buenísimo. 2. Buena persona, simpática.
cornudo: Persona cuya pareja le ha sido infiel.
cortado: 1. Café con una gota de leche. 2. Persona que no participa de las salidas de su grupo de amigos.
coso: Objeto indeterminado.
cotorrear: Hablar excesivamente.
country: Predio alejado de la ciudad con casas y parques.
creído: Persona que cree que es mejor que los demás.
croto: Vago, linyera.
culear ⚡ : Tener relaciones sexuales penetrando el ano.
culo ⚡ : Cola, trasero.
curda: Borrachera.
currar: Estafar.
curro: Estafa.

cursi: Se dice de una cosa que aparenta ser elegante o romántico pero en realidad es de mal gusto.
curtir ⚡ : Tener relaciones sexuales.

D
dale: Expresión que implica aceptación.
depre: Deprimido.
desbole: Desorden.
deschavar: Delatar.
descocado: Persona que muestra demasiada desenvoltura.
desembuchar: Decir todo lo que uno sabe.
desenchufarse: Relajarse.
despatarrarse: Sentarse o acostarse extendiendo todas las extremidades del cuerpo.
despechugado/a: Persona que tiene el pecho descubierto.
despelote / despiole: Desorden.
desubicado: Fuera de lugar.
diego: Diez pesos.
divague: Asunto o pensamiento confuso y desorganizado.
dominguero: Persona que conduce lentamente.
dopar: Drogar.

E
echarse: Acostarse sin hacer nada.
embalarse: Entusiasmarse.
embarrar: Complicar una situación.
embolarse: Aburrirse.
embromarse: Soportar las consecuencias negativas de una situación.
empilcharse: Vestirse bien.
encanutar: Robar.
encarar: Ponerse frente a frente con una persona del sexo opuesto para decirle que le gusta.

enchastrar: Ensuciar.
enchincharse / encularse: Enojarse.
enfiestarse: Estar de fiesta.
enfilar: Dirigirse a un lugar.
engancharse: Entusiasmarse con alguien o algo.
engatusar: Seducir.
enquilombado: Con muchos problemas.
ensartarse: Hacer caer a alguien en un engaño o trampa.
entonarse: Emborracharse.
entrecasa: De ~: Vestido de forma simple.
escabiar: Tomar alcohol.
escrachar: 1. Fotografiar a alguien sin su consentimiento. 2.Sorprender a alguien en una situación poco feliz.
estampar: Arrojar algo haciéndolo chocar contra algo.
estirado: Engreído.
estrolar: Chocar contra algo.

F

fachero: Persona que tiene buena presencia.
facho: Persona fascista.
fajar: Golpear a una persona.
fayuto: Persona falsa.
falopearse: Drogarse.
fangote: Mucha cantidad de dinero.
farra: Diversión.
faso: Cigarrillo (de tabaco o de marihuana).
feca: Café.
festichola: Fiesta informal.
fiaca: No tener ganas de hacer nada.
fiestero: Persona a la que le gusta la fiesta.
fifar ⚡ : Tener relaciones sexuales.
fifí: Persona que actúa mostrando gustos típicos de la clase alta.

figureti: Persona que aparece en todos lados.
fija: Información confiable.
finoli: Fino.
flaco: Persona joven.
flashear: Sorprenderse.
fono: Teléfono.
forro: 1. Persona que hace algo con malintención. 2. Preservativo.
franelear: Acariciar.
fresquete: Sensación incómoda de frío.
fulbo: Fútbol.
fulero: Muy feo.
funcar: Funcionar.
fundido: Cansado.

G

gagá: Se refiere a una persona que perdió en parte sus facultades mentales, quizá por su avanzada edad.
gamba: 1. Pierna. 2. Cien pesos.
ganga: Se dice de algo barato.
gansada: Tontería.
garca: Mala persona.
garchar ⚡ : Tener relaciones sexuales.
garpar: Pagar.
garrón: Se dice de una situación problemática.
garronear: Pedir favores.
garzo: Escupitajo.
gasolero: Persona que gasta poco, en especial en las vacaciones.
gastada: Broma.
gauchada: Favor.
gil: Tonto.
grasada / gronchada: Algo de mal gusto.

grela: Lugar u objeto que está sucio.
groso: Persona importante.
guachada: Mala jugada.
guacho/a: Mal nacido, insulto.
guarangada / guasada: Grosería.
guarango: Persona que dice algo grosero.
guita: Dinero.

H

hincha (bolas / pelotas) ⚡ : Persona que molesta mucho.
histeriquear: Demostrar interés por una persona pero sin tener realmente la intención de concretar nada.
huevada: Se dice de algo que es fácil.
huevear: Pasar el tiempo sin hacer nada.

J

jeta: La boca, los labios.
joda: 1. Broma. 2. Diversión. 3. Problema.
joder: 1. Molestar. 2. Hacer una broma. 3. Herir a una persona o dañar un objeto.
joderse: Soportar las consecuencias negativas de una situación.
jodido: 1. Se dice de algo difícil. 2. Persona mal intencionada.
jodón: Persona a la que le gusta hacer bromas.
jorobar: Molestar.
jovato: Persona de avanzada edad.
joya: Muy bien, excelente.
julepe: Miedo.

L

laburar: Trabajar.
langa: Hombre vanidoso, que se cree atractivo.
lelo: Tonto.

lerdo: Lento.
levante: Conquista amorosa.
liero: Travieso.
ligar: 1. Recibir un castigo. 2. Obtener un beneficio.
limado: Loco.
linyera: Vagabundo.
lío: 1. Confusión. 2. Problema.
listo: Algo terminado.
lorca: Calor.
luca: Mil pesos.
luca verde: Mil dólares.
lunfardo: Jerga originariamente usada en la Ciudad de Buenos Aires y en sus alrededores por inmigrantes y marginales. Parte de su vocabulario se difundió en el habla popular.

M
macana: 1. Situación problemática. 2. Equivocación, mentira.
macanudo: 1. Buena persona, confiable. 2. Interjección. Se usa para asentir o aprobar.
maestro: Forma informal de llamar a alguien.
Magoya: Persona inexistente al que se hace referencia cuando alguien dice algo poco creíble.
mamarse: Emborracharse.
mango: Dinero.
manguear: Pedir dinero prestado.
manyar: Comer.
mariconear: Comportarse como un maricón, un afeminado.
mate: 1. Infusión a base de yerba mate y agua caliente. Generalmente se comparte entre amigos. 2. Calabaza seca que se utiliza como recipiente para tomar mate.
matina: La mañana.
mear: Hacer pis.
menjunje: Mezcla.

mersa: Persona u objeto que se considera ordinario, de mal gusto.
milonga: 1. Composición musical folklórica del área del Río de la Plata. De ritmo fuerte, con compás de dos por cuatro. 2. Estilo de danza. 3. Lugar, reunión donde se baila milonga.
mina: Mujer.
minga: Interjección, de ninguna manera.
modorra: Somnolencia que se tiene después de comer.
morfar: Comer.
mosca: Dinero.
mufa: Persona que trae mala suerte.
mufarse: Enojarse.
mulero: Persona que hace trampa.

N
nabo: Tonto.
nafta: Gasolina, combustible.

Ñ
ñoqui: Empleado público que cobra sin trabajar.

O
ojete ⚡ **:** 1. Suerte. 2. Ano.
opa: Tonto
ortiba: Persona que pertenece a un grupo pero que no comparte situaciones con éste.
orto ⚡ **:** Ano

P
pachorra: Sin ganas de hacer nada.
pajero ⚡ **:** 1. Persona que no tiene iniciativa para hacer algo. 2. Persona que se masturba con frecuencia; que hace comentarios o gestos sexuales.

pálida: Mala noticia.
palo: Un millón de pesos.
palo verde: Un millón de dólares.
parranda: Fiesta.
patadura: 1. Persona que no tiene ritmo para bailar. 2. Persona que no tiene habilidad para jugar al fútbol.
pavada: Tontería.
pavo: Tonto.
pedo: 1. Flatulencia. 2. En ~: borracho, loco.
pelar: Sacar.
pelotudo ⚡ : Persona que actúa de forma poco inteligente.
pendejo: Persona joven.
peña: Lugar donde se come comida tradicional, se baila y se escucha música tradicional: folklore y tango.
pifiar: Confundir, equivocar.
pija ⚡ : Pene.
piola: Persona inteligente.
pirado: Persona que está loca.
poronga ⚡ : 1. Pene. 2. Expresión ante una mala situación.
piropo: Expresión dicha en la calle para elogiar a una persona.
porro: Cigarrillo de marihuana.
porrón: Pequeña botella de cerveza.
posta: Información confiable.
pucha: Interjección que expresa asombro, disgusto.
pucho: Cigarrillo.
putear: Decir malas palabras.

Q
quilombo: 1. Gran desorden. 2. Conflicto.

R
rajar: Irse.
resaca: Dolor de cabeza y malestar a causa del alcohol.

S

sanatero: Persona que habla extensamente y sin sentido, y que tiene como objetivo convencer a alguien de algo.
sucucho: 1. Vivienda de soltero. 2. Infraestructura edilicia precaria y pequeña.

T

tachero: Taxista.
tarado: Idiota.
telo: Hotel.
tenedor libre: Restaurante donde se paga un precio fijo y se puede comer lo que uno quiere.
tipazo: Un buen hombre.
tipo: Hombre.
tongo: Acuerdo ilegal entre dos personas.
torrar: Dormir.
traga: Inteligente.
tranzar: Besar.
trucho: Objeto de mala calidad.
tufo: Mal olor.
turro: Mala persona.

U

ufa: Interjección que se utiliza para quejarse de algo.

V

verga ⚡ : Pene.
versero: Persona que miente para impresionar a alguien.
vinacho: Vino.
vos: Pronombre personal de segunda persona singular. Se usa en varios países de Latinoamérica. En Argentina reemplaza al "tú" y posee una forma verbal diferente.

Y

yeta: Persona que trae mala suerte.
yirar: Girar en un mismo lugar.
yiro: Prostituta.
yuta: Policía.

Z

zafado / zarpado: Persona que se comporta de forma atrevida.
zafarse: Hacer algo de forma extralimitada.

www.asuntoimpreso.com